# BUKU MASAKAN KARI LENGKAP

## 100 RESIPI LAZAT: KARI DARI SELURUH DUNIA DI RUMAH JUGA

John Jefri

**Semua hak terpelihara.**

**Penafian**

Maklumat yang terkandung dalam eBook ini bertujuan untuk berfungsi sebagai koleksi strategi yang komprehensif yang telah dilakukan oleh pengarang eBook ini. Ringkasan, strategi, petua dan helah hanyalah cadangan oleh pengarang, dan membaca eBook ini tidak akan menjamin bahawa keputusan seseorang akan betul-betul mencerminkan hasil pengarang. Pengarang eBook telah melakukan segala usaha yang munasabah untuk memberikan maklumat terkini dan tepat untuk pembaca eBook. Pengarang dan sekutunya tidak akan bertanggungjawab atas sebarang kesilapan atau peninggalan yang tidak disengajakan yang mungkin ditemui. Bahan dalam eBook mungkin termasuk maklumat oleh pihak ketiga. Bahan pihak ketiga terdiri daripada pendapat yang dinyatakan oleh pemiliknya. Oleh itu, pengarang eBook tidak memikul tanggungjawab atau liabiliti untuk sebarang bahan atau pendapat pihak ketiga. Sama ada disebabkan kemajuan internet, atau perubahan yang tidak dijangka dalam dasar syarikat dan garis panduan penyerahan editorial, apa yang dinyatakan sebagai fakta pada masa penulisan ini mungkin menjadi lapuk atau tidak boleh digunakan kemudian.

EBook adalah hak cipta © 2025 dengan semua hak terpelihara. Adalah menyalahi undang-undang untuk mengedar semula, menyalin atau mencipta karya terbitan daripada eBook ini secara keseluruhan atau sebahagian. Tiada bahagian dalam laporan ini boleh diterbitkan semula atau dihantar semula dalam apa-apa pengeluaran semula atau dihantar semula dalam apa jua bentuk sekalipun tanpa kebenaran bertulis dan ditandatangani daripada pengarang.

# ISI KANDUNGAN

**ISI KANDUNGAN**..................................................................4
**PENGENALAN**...................................................................8
**KARI SAYUR**....................................................................10
    1. Stew Kari Thai..........................................................11
    2. Kari Ubi....................................................................15
    3. Kari Sayur Gaya Thai................................................19
    4. Kari Terung & Pudina...............................................23
    5. Kari sayur kuning Thai.............................................27
    6. Kari bhaji bawang....................................................31
    7. Koftas bayam dalam sos yogurt.............................35
    8. Kari terung sri lanka................................................40
    9. Kari terung masam panas......................................44
    10. Pu mpkin dan kari bayam....................................47
**KARI IKAN & MAKANAN LAUT**.......................................50
    11. Kari Udang C oconut.............................................51
    12. Halibut – Kari Sayur..............................................54
    13. Kari kerang............................................................59
    14. Serai & Kari Udang...............................................62
    15. Kari Ikan Merah.....................................................66
    16. Ikan dan kari kacang............................................70
    17. Kerang & udang chu chee...................................74
    18. Udang pedas.........................................................78
    19. Ikan dalam kari yogurt..........................................82
    20. Udang kari hutan..................................................85
    21. Kari sotong............................................................89
    22. Kari makanan laut Bali.........................................93
    23. Kari ikan goan......................................................98

24. Kari ikan asam jawa..................................................102
25. Udang asam & kari labu.........................................106
26. Koftas ikan dalam kuah kari...................................110
27. Kari hijau dengan bebola ikan...............................115
28. Udang dengan selasih Thai....................................119
29. Kari udang berkrim.................................................123

**KARI AYAM**..................................................................**126**

30. Kari Ayam Masam Manis......................................127
31. Sup Kari dengan Mee............................................130
32. Kari Gaya Caribbean..............................................135
33. Kari Ayam Chowder...............................................138
34. Kari Ayam Slow Cooker........................................141
35. Kari Ayam Ala Thai.................................................144
36. Kari Ayam Kelapa...................................................147
37. Kari Nanas...............................................................150
38. Kari Gaya India.......................................................154
39. Kari Turki Pedas.....................................................158
40. Kari itik dengan nanas...........................................161
41. Koftas ayam yang kaya..........................................165
42. Ayam mentega.......................................................169
43. Kari ayam & terung epal.......................................173
44. Kari ayam Burma....................................................178
45. kari ayam Malaysia.................................................182
46. kari ayam Malaysia.................................................186
47. Kari itik dan kelapa.................................................189
48. Ayam berempah & badam...................................193
49. Ayam dalam santan...............................................197
50. Kari hicken C hijau..................................................201
51. Kari ayam & tomato...............................................205
52. Masala ayam...........................................................209
53. Kari itik BBQ dengan laici......................................213
54. Kari ayam, badam dan kismis...............................218
55. Kari ayam Vietnam.................................................222

## KARI LEMBU..........226

56. Kari Cili Panang..........227
57. Kari Daging Homestyle..........230
58. Daging Lembu & Kari Kelapa..........236
59. Kari Daging..........240
60. Kari sayur Massaman..........246
61. Daging lembu Thai & kari kacang..........251
62. Kari daging merah Thai & terung..........255
63. kari daging lembu Massaman..........258
64. Kari daging lembu lada..........262
65. Rendang daging lembu..........266
66. Kari daging lembu & biji sawi..........270
67. Bebola daging & bawang putih jeruk..........273
68. Kari selasih, daging lembu & biji lada..........277

## KARI KAMBING..........281

69. Kambing dhansak..........282
70. Kari Kambing & Kentang..........287
71. Batang kambing & kari yogurt..........291
72. Korma kambing..........295
73. Lamb Rogan josh..........299
74. kambing ala Balti..........303
75. Masam kambing & kari buluh..........306
76. kambing ketumbar..........311
77. Kari kambing dan bayam..........315
78. Kambing cincang dengan oren..........319
79. Kari kambing bercetak..........323
80. Lamb rizala..........326

## KARI BABI..........330

81. Daging Babi Tenderloin dalam Kari Hijau..........331
82. Kari Epal & Babi..........336
83. Babi Bakar Kari..........339
84. Kari babi dengan terung..........342

- 85. Kari babi goreng Sri Lanka..................347
- 86. Vindaloo babi..................350
- 87. Kari babi dan buah pelaga..................353
- 88. Kari babi lima rempah..................357
- 89. Kari babi herba hijau..................360
- 90. Daging babi, madu & kari badam..................364

**BIJIRIN/KARI BIJIRAN..................368**

- 91. Kari Lentil..................369
- 92. Kari Bunga Kobis & Chickpea..................372
- 93. Chickpea & Quinoa Curry..................375
- 94. Kari dal..................378
- 95. Dum aloo..................381
- 96. Paneer dan kari kacang..................385

**KARI BUAH..................390**

- 97. Kari nanas pedas & masam..................391
- 98. Daging babi manis & kari nanas..................394
- 99. Daging babi dan kari tembikai..................398
- 100. Ikan kakap dengan pisang hijau & mangga..................402

**KESIMPULAN..................407**

## PENGENALAN

Sejarah kari menunjukkan banyak negara dan budaya. Dari India ke Timur Tengah dan Asia, kari telah menjadi makanan ruji selama berabad-abad. Ia kini ditemui dalam mangkuk di atas meja makan di seluruh dunia. Orang ramai dari pelbagai bangsa dan etnik menikmati kari.

Membuat hidangan kari boleh memberikan keseronokan yang hampir sama seperti memakannya. Anda boleh bermula dari awal, atau, jika anda baru mengenali kari, buat hidangan anda daripada pes kari atau serbuk kari.

Jika anda membuat serbuk sendiri, anda boleh menambah bahan tambahan seperti bawang putih, garam perasa atau jenis rempah lain. Kari pertama yang baik ialah kari ayam atau gulai ayam mentega.

Anda boleh menjimatkan masa dan tidak mengorbankan rasa jika anda menggunakan karipap yang sudah siap. Pes ini akan membolehkan anda menyediakan kari yang lazat seperti Korma atau Tikka Masala dengan mudah. Anda boleh menggunakan pes kari dengan sayur-sayuran dan daging dan menambah apa-apa bahan tambahan yang menggembirakan selera anda.

Setelah kari anda telah disediakan, anda boleh menghidangkannya dipanaskan bersama chutney dan roti naan !

# KARI SAYUR

# 1. Stew Kari Thai

Membuat 4 Hidangan

**bahan-bahan:**

**Untuk karipap:**

- 6 biji cili bertangkai dan berbiji, keringkan
- 1/2 sudu teh garam, halal
- 1 x bawah 4" batang serai yang dikupas, 1"-potong dadu
- 2 sudu besar lengkuas segar, dikupas, dihiris
- 2 sudu besar kunyit segar, dihiris dan dikupas
- 1/2 cawan bawang merah, dicincang
- 1/4 cawan bahagian ulas bawang putih
- 1 Sudu besar pes udang, Thai

**Untuk rebusan:**

- 2 paun daripada chuck daging lembu dipotong 1 & 1/2" dipotong dadu

- 3 Sudu besar kicap, Thai

- 2 Sudu besar cili Thai, dikisar & dikeringkan

- 9 cawan sup daging lembu, rendah natrium

- 1 cawan bawang merah, dibelah dua

- 3 lobak merah dikupas, dibelah dua memanjang, dipotong bersilang, sederhana

- 6 helai daun limau purut beku atau segar

- Untuk menghidangkan: ketumbar cincang & kemangi dihiris

**Arah:**

a) Untuk menyediakan karipap, tumbuk cili & garam dengan alu dalam lesung selama 5-6 minit. Tambah bahan pes lain satu demi satu dalam susunan yang disenaraikan di atas, hancurkan setiap satu sepenuhnya sebelum anda menambah yang seterusnya. Ini akan mengambil masa 15-20 minit secara keseluruhan.

b) Untuk menyediakan rebusan, satukan pes kari dengan kicap, daging lembu & cili dalam periuk besar. Kacau rata, salutkan

c) daging lembu dengan baik. Kacau sekali-sekala semasa memasak selama 5-6 minit dengan api sederhana . Masukkan kuahnya. Didihkan.

d) Tutup dan kecilkan api kepada sederhana-rendah . Kacau sekali-sekala sambil mereneh selama 2 hingga 2 & 1/2 jam, sehingga daging lembu menjadi empuk tetapi belum hancur.

e) Masukkan daun limau purut, bawang merah dan lobak merah. Rebus selama 10-12 minit, sehingga sayur-sayuran hampir tidak empuk. Gunakan basil dan ketumbar untuk hiasan dan hidangkan.

## 2. Kari Ubi

Membuat 4 Hidangan

**bahan-bahan:**

- 2 sudu besar minyak kanola
- 1 sudu teh biji sawi
- 1 sudu teh biji jintan manis
- 2 bawang cincang sederhana
- Garam kosher, seperti yang dikehendaki
- Lada, tanah, seperti yang dikehendaki
- 3 ulas bawang putih dicincang halus
- 1 Sudu besar halia yang dikupas dan dicincang
- 1 & 1/2 sudu teh kunyit, dikisar
- Pilihan: 1 sudu teh campuran rempah garam masala
- 1 secubit lada, cayenne
- 1 paun pucuk Brussels yang dipotong separuh

- 1 & 1/2 paun. daripada 1/2"-dipotong dadu & dikupas keledek
- 1 x 15-auns tin kacang ayam yang telah dibilas
- 2/3 cawan susu, kelapa
- 2 biji kurma dicincang
- Untuk berkhidmat: Yogurt Yunani

**Arah:**

a) Panaskan minyak dalam periuk berat dan besar dengan api sederhana . Masukkan biji sawi dan jintan manis. Kacau selalu semasa memasak selama seminit, sehingga biji sawi mula muncul.

b) Masukkan bawang besar dan gunakan garam untuk perasa. Kacau selalu semasa memasak selama 5-7 minit, sehingga bawang mula lembut. Masukkan halia dan bawang putih.

c) Kacau semasa memasak selama 1-2 minit, sehingga wangi. Masukkan dan kacau garam masala (pilihan), cayenne dan kunyit. Perasakan seperti yang dikehendaki.

d) Masukkan kacang ayam, pucuk Brussels dan ubi keledek. Perasakan seperti yang dikehendaki. Masukkan 2/3 cawan air dan santan dan kacau. Didihkan. Kecilkan api hingga mendidih.

e) Masak selama 18 hingga 20 minit, sehingga sayur-sayuran menjadi lembut. Kacau dalam kurma. Biarkan periuk tidak bertutup dan reneh selama 3-4 minit lagi. Hidangkan bersama yogurt Yunani.

## 3. Kari Sayur Gaya Thai

Membuat 6 Hidangan

**bahan-bahan:**

- 1 x 8.8-oz. bungkusan mee, nipis
- 1 sudu besar minyak, bijan
- 2 sudu besar karipap, merah
- 1 cawan santan, ringan
- 1 x 32-oz. karton sup sayur-sayuran atau sup ayam rendah natrium
- 1 sudu besar sos ikan atau kicap rendah natrium
- 1 x 14-oz. bungkusan tauhu yang telah dikeringkan, dipotong dadu, padat
- 1 x 8 & 3/4-oz. tin jagung bayi toskan, separuh, utuh
- 1 x 5-oz. tin rebung toskan
- 1 & 1/2 cawan cendawan segar yang dihiris

- 1/2"-potong kecil lada manis merah sederhana

- Daun selasih koyak segar, seperti yang dikehendaki

- Baji limau segar, seperti yang dikehendaki

**Arah:**

a) Sediakan mi menggunakan arahan pada bungkusan. Ketepikan mereka.

b) Panaskan minyak pada medium dalam periuk stok besar. Masukkan pes kari dan masak selama 1/2 minit, sehingga naik bau. Pukul santan sedikit demi sedikit hingga sebati. Masukkan dan kacau dalam kicap dan sup. Didihkan.

c) Masukkan sayur dan tauhu ke dalam periuk. Masak selama 3 hingga 5 minit, sehingga sayur-sayuran lembut. Toskan mee dan masukkan ke dalam adunan.

d) Hidangan individu teratas dengan selasih koyak dan hidangkan bersama-sama hirisan limau nipis segar, jika mahu.

## 4. Kari Terung & Pudina

Membuat 4 Hidangan

**bahan-bahan:**

- 2 sudu besar minyak kelapa
- 1 sudu teh biji sawi
- 1 sudu teh biji jintan manis
- 3 ulas bawang putih dihiris
- 1 sudu besar halia segar yang dicincang halus
- 1 bawang sederhana, dicincang
- Garam laut, seperti yang dikehendaki
- 1 sudu teh kunyit, dikisar
- 1 secubit lada cayenne
- 2 tomato parut, besar - jus simpanan
- 5 cawan 1/2" terung potong dadu
- 1 & 1/4 cawan kacang ayam, toskan dan masak
- 4 sudu teh jalapeño, dicincang halus

- 1 biji bawang merah dicincang halus
- 1 Sudu besar jus limau nipis, segar + tambahan untuk dihidangkan
- 1 sudu teh madu tulen
- 2 sudu besar kelapa tanpa gula, dikelupas
- 1 cawan daun pudina, dicincang kasar
- 1/4 cawan daun ketumbar, dicincang kasar
- Lada tanah, seperti yang dikehendaki
- Untuk dihidangkan: yogurt biasa

**Arah:**

a) Panaskan minyak dalam kuali bersaiz besar pada sederhana tinggi . Masukkan biji sawi dan jintan manis. Masak selama 1/2 minit dan masukkan halia dan bawang putih.

b) Kacau selama 1-2 minit, sehingga bawang putih mula keperangan, dan kemudian kacau bawang dan garam, seperti yang dikehendaki. Kacau selalu semasa memasak selama 4-5 minit, sehingga bawang menjadi lembut.

c) Masukkan dan kacau lada cayenne dan kunyit. Masukkan tomato dengan jus. Masukkan 1/4 cawan air, 1 secubit garam, kacang ayam dan terung. Kacau, kemudian kurangkan tahap haba kepada sederhana-rendah . Tutup kuali. Rebus selama 14-16 minit, sehingga terung menjadi lembut.

d) Keluarkan kuali dari api. Masukkan jalapeño, madu, bawang merah dan jus limau nipis. Masukkan pudina, kelapa & ketumbar.

e) Perasakan seperti yang dikehendaki. Teratas dengan yogurt dan hidangkan.

## 5. Kari sayur kuning Thai

Membuat 6 Hidangan

**bahan-bahan:**

- 8 biji cili hijau
- 5 biji bawang merah Asia, dicincang
- 2 ulas bawang putih, ditumbuk
- 1 sudu besar batang dan akar ketumbar dicincang halus
- 1 batang serai, bahagian putih sahaja, dicincang halus
- 2 sudu besar lengkuas dicincang halus
- 1 sudu teh ketumbar kisar
- 1 sudu teh jintan kisar
- 1 sudu teh kunyit kisar
- 1 sudu kecil lada hitam
- 1 sudu besar jus limau nipis
- 3 sudu besar minyak 1 bawang besar dicincang halus

- 200 g (7 oz) kentang serba guna, dipotong dadu
- 200 g (7 oz) zucchini (labu kuning), dipotong dadu
- 150 g (5½ oz) capsicum merah (lada), dipotong dadu
- 100 g (3½ oz) kacang separuh, dipotong
- 50 g (1¾ oz) pucuk buluh, dihiris
- 250 ml (9 oz/1 cawan) stok sayuran
- 400 ml (14 oz) krim kelapa selasih Thai, untuk dihidangkan

Arah:

a) Masukkan semua bahan pes kari ke dalam pemproses makanan, atau dalam mortar dengan alu, dan proses atau tumbuk hingga menjadi pes yang halus.

b) Panaskan minyak dalam periuk besar, masukkan bawang dan masak dengan api sederhana selama 4-5 minit, atau sehingga lembut dan hanya bertukar keemasan. Masukkan 2 sudu besar pes kari kuning yang telah dibuat dan masak, kacau, selama 2 minit, atau sehingga wangi.

c) Masukkan semua sayur-sayuran dan masak, kacau, dengan api yang tinggi selama 2 minit. Tuangkan stok sayuran, kecilkan api kepada sederhana dan masak, bertutup, selama 15-20 minit, atau sehingga sayur-sayuran lembut. Masak, tidak bertutup, dengan api yang tinggi selama 5-10 minit, atau sehingga sos berkurangan sedikit.

d) Masukkan krim kelapa dan perasakan dengan garam secukup rasa. Didihkan, kacau selalu, kemudian kecilkan api dan reneh selama 5 minit. Hiaskan dengan daun selasih Thai.

## 6. Kari bhaji bawang

Membuat 4 Hidangan

**bahan-bahan:**

- 2 sudu besar minyak
- 1 sudu kecil halia parut
- 2 ulas bawang putih, ditumbuk
- 425 g (15 oz) tomato hancur dalam tin
- 1 sudu teh kunyit kisar
- $\frac{1}{2}$ sudu teh serbuk cili
- $1\frac{1}{2}$ sudu teh jintan halus
- 1 sudu teh ketumbar kisar
- $1\frac{1}{2}$ sudu besar garam masala
- 250 ml (9 oz/1 cawan) krim pekat (sebat).
- daun ketumbar dihiris
- 125 g ($4\frac{1}{2}$ auns/$1\frac{1}{4}$ cawan) tepung kacang ayam
- 1 sudu teh kunyit kisar

- ½ sudu teh serbuk cili
- 1 sudu teh asafoetida
- 1 biji bawang besar, dihiris nipis
- minyak untuk menggoreng

**Arah:**

a) Panaskan minyak dalam kuali, masukkan halia dan bawang putih, dan masak selama 2 minit, atau sehingga naik bau. Masukkan tomato, kunyit, serbuk cili, jintan manis, ketumbar dan 250 ml (9 oz/1 cawan) air. Didihkan, kemudian kecilkan api dan reneh selama 5 minit, atau sehingga pekat sedikit.

b) Masukkan garam masala, kacau dalam krim dan reneh selama 1-2 minit. Keluarkan dari haba.

c) Untuk membuat bhaji, gabungkan besan, kunyit, serbuk cili dan asafoetida dengan 125 ml (4 oz/½ cawan) air, dan garam secukup rasa. Pukul hingga sebati, kemudian masukkan bawang besar.

d) Isi periuk berasaskan berat dalam satu pertiga penuh minyak dan panaskan hingga 160°C (315°F), atau sehingga kiub roti jatuh ke dalam minyak menjadi perang dalam masa 30 saat.

e) Masukkan sesudu adunan bawang secara berkelompok dan masak selama 1-2 minit, atau sehingga seluruhnya berwarna perang keemasan, kemudian toskan di atas tuala kertas. Tuangkan sos ke atas bhaji dan hiaskan dengan daun ketumbar.

## 7. Koftas bayam dalam sos yogurt

Membuat 4 Hidangan

**bahan-bahan:**

- 375 g (13 oz/1½ cawan) yogurt biasa
- 35 g (1¼ oz/1/3 cawan) tepung kacang
- 1 sudu besar minyak
- 2 sudu kecil biji sawi hitam
- 1 sudu kecil biji fenugreek
- 6 cuti kari
- 1 biji bawang besar, cincang halus
- 3 ulas bawang putih, ditumbuk
- 1 sudu teh kunyit kisar
- ½ sudu teh serbuk cili

**Koftas**

- 450 g (1 lb/1 tandan) bayam Inggeris
- 170 g (6 oz/1½ cawan) tepung kacang

- 1 biji bawang merah, dihiris halus
- 1 biji tomato masak, potong dadu halus
- 2 ulas bawang putih, ditumbuk
- 1 sudu teh jintan kisar
- 2 sudu besar daun ketumbar
- minyak untuk menggoreng

**Arah:**

a) Untuk membuat sos yogurt, pukul yogurt, besan dan 750 ml (26 oz/3 cawan) air dalam mangkuk, hingga menjadi pes yang licin. Panaskan minyak dalam periuk berasaskan berat atau kuali dengan api perlahan.

b) Masukkan biji sawi dan halba serta daun kari, tutup dan biarkan bijinya meletus selama 1 minit.

c) Masukkan bawang dan masak selama 5 minit, atau sehingga lembut dan mula perang.

d) Masukkan bawang putih dan kacau selama 1 minit, atau sehingga lembut. Masukkan kunyit dan serbuk cili dan kacau selama 30 saat. Masukkan campuran yogurt, biarkan mendidih dan reneh dengan api perlahan selama 10 minit.

e) Untuk membuat koftas bayam, rebus bayam dalam air mendidih selama 1 minit dan segarkan dalam air sejuk. Toskan, perah sebarang air tambahan dengan memasukkan bayam ke dalam colander dan tekan pada bahagian tepinya dengan sudu. Cincang halus bayam.

f) Satukan dengan baki bahan kofta dan sehingga 3 sudu besar air, sedikit demi sedikit, masukkan secukupnya untuk menjadikan adunan lembut tetapi tidak selekeh. Jika terlalu selekeh, tambah besan lagi. Bentuk adunan menjadi bebola dengan menggulungnya di tangan yang lembap, menggunakan kira-kira 1 sudu besar adunan untuk setiap satu. Ini sepatutnya membuat 12 koftas.

g) Isi periuk berasaskan berat satu pertiga penuh dengan minyak dan panaskan hingga 180°C (350°F), atau sehingga kiub roti menjadi perang dalam 15 saat. Turunkan koftas ke dalam minyak secara berkelompok dan goreng hingga keemasan dan garing. Jangan penuhkan kuali.

h) Keluarkan koftas semasa memasak, goncangkan minyak berlebihan dan masukkannya ke dalam sos yogurt. Panaskan semula sos yogurt perlahan-lahan, hiaskan dengan daun ketumbar dan hidangkan.

## 8. Kari terung sri lanka

Membuat 6 Hidangan

**bahan-bahan:**

- 1 sudu teh kunyit kisar
- 12 biji terung nipis (terung), dipotong menjadi 4 cm (1½ in) bulat
- minyak untuk menggoreng
- 2 biji bawang, dicincang halus
- 2 sudu besar serbuk kari Sri Lanka
- 2 ulas bawang putih, ditumbuk
- 8 helai daun kari, dicincang kasar, ditambah daun keseluruhan tambahan untuk hiasan
- ½ sudu teh serbuk cili
- 250 ml (9 oz/1 cawan) krim kelapa

**Arah:**

a) Campurkan separuh kunyit yang dikisar dengan 1 sudu teh garam dan sapu ke dalam terung, pastikan permukaan yang dipotong bersalut dengan baik. Masukkan ke dalam colander dan biarkan selama 1 jam. Bilas dengan baik dan letakkan pada tuala kertas yang renyuk untuk mengeluarkan sebarang kelembapan berlebihan.

b) Isi periuk berasaskan berat dalam satu pertiga penuh minyak dan panaskan hingga 180°C (350°F), atau sehingga kiub roti jatuh ke dalam minyak menjadi perang dalam masa 15 saat. Masak terung secara berkelompok selama 1 minit, atau sehingga perang keemasan. Toskan pada tuala kertas yang renyuk.

c) Panaskan minyak tambahan dalam periuk besar, masukkan bawang dan masak dengan api sederhana selama 5 minit, atau sehingga perang.

d) Masukkan serbuk kari, bawang putih, daun kari, serbuk cili, terung dan baki kunyit ke dalam kuali, dan masak selama 2 minit. Masukkan krim kelapa dan 250 ml (9 oz/1 cawan) air, dan perasakan dengan garam secukup rasa.

e) Kecilkan api dan renehkan dengan api perlahan selama 3 minit, atau sehingga terung masak sepenuhnya dan sos telah pekat sedikit. Hiaskan dengan daun kari tambahan.

## 9. Kari terung masam panas

Membuat 4 Hidangan

**bahan-bahan:**

- 1 terung besar (kira-kira 500 g/1 lb 2 oz) (terung)
- 2 biji tomato kecil
- 2 sudu besar minyak
- 3 sudu kecil biji fenugreek
- 3 sudu teh biji adas
- 4 ulas bawang putih, ditumbuk
- 1 biji bawang besar, dihiris halus
- 4 helai daun kari
- $1\frac{1}{2}$ sudu besar ketumbar kisar
- 2 sudu kecil kunyit
- 125 ml (4 oz/$\frac{1}{2}$ cawan) jus tomato
- 2 sudu besar asam jawa
- 2 biji cili merah, hiris halus
- 125 ml (4 oz/$\frac{1}{2}$ cawan) krim kelapa
- 1 genggam daun ketumbar, dihiris

**Arah:**

a) Potong terung menjadi kiub 2 cm ($\frac{3}{4}$ in). Taburkan dengan $\frac{1}{2}$ sudu teh garam dan ketepikan selama 1 jam. Toskan dan bilas.

b) Potong tomato menjadi dadu kasar. Panaskan minyak dalam periuk berasaskan berat dengan api sederhana. Masukkan biji fenugreek dan adas. Apabila mereka mula berkerak, masukkan bawang putih, bawang besar dan daun kari dan masak selama 3-5 minit atau sehingga bawang menjadi lutsinar.

c) Masukkan terung dan kacau selama 6 minit, atau sehingga ia mula lembut. Masukkan rempah kisar, tomato, jus tomato, asam jawa dan hirisan cili segar.

d) Didihkan, kemudian kecilkan sehingga mendidih, tutup dan teruskan masak selama kira-kira 35 minit, atau sehingga terung sangat lembut. Masukkan krim kelapa dan ketumbar dan perasakan secukup rasa.

## 10. Pumpkin dan kari bayam

Membuat 6 Hidangan

**bahan-bahan:**

- 3 biji kemiri
- 1 sudu besar kacang tanah mentah
- 3 biji bawang merah Asia, dicincang
- 2 ulas bawang putih
- 2-3 sudu teh sambal oelek
- 1 sudu teh kunyit kisar
- 1 sudu kecil lengkuas parut
- 2 sudu besar minyak
- 1 bawang, dicincang halus
- 600 g (1 lb 5 oz) labu butternut (labu), dipotong menjadi 2 cm (¾ in) kiub
- 125 ml (4 oz/½ cawan) stok sayuran
- 350 g (12 oz) bayam Inggeris, dicincang kasar
- 400 ml (14 oz) krim kelapa

- 1 sudu teh gula

**Arah:**

a) Masukkan semua bahan pes kari ke dalam pemproses makanan, atau dalam mortar dengan alu, dan proses atau tumbuk hingga menjadi pes yang halus.

b) Panaskan minyak dalam periuk besar, masukkan pes kari dan masak, kacau, dengan api perlahan selama 3-5 minit, atau sehingga wangi. Masukkan bawang dan masak selama 5 minit lagi, atau sehingga lembut.

c) Masukkan labu dan separuh stok sayuran dan masak, bertutup, selama 10 minit, atau sehingga labu hampir masak. Tambah lagi stok, jika perlu.

d) Masukkan bayam, krim kelapa dan gula, dan perasakan dengan garam. Didihkan, kacau sentiasa, kemudian kecilkan api dan reneh selama 3-5 minit, atau sehingga bayam masak dan sos telah pekat sedikit. Hidangkan segera.

# KARI IKAN & MAKANAN LAUT

## 11. Kari Udang Coconut

Membuat 3 Hidangan

**bahan-bahan:**

- 2/3 cawan santan, ringan
- 1 & 1/2 sudu kecil serbuk kari
- 1 Sudu besar sos ikan, dibotolkan
- 1 sudu teh gula, perang
- 1/4 sudu teh garam, laut
- 1/4 sudu teh lada, hitam
- 1 paun udang besar yang telah dikupas dan belum dimasak
- 1 lada manis merah sederhana dicincang halus
- 2 biji bawang hijau dihiris
- 1/4 cawan ketumbar segar yang dicincang

**Untuk hidangan:**

- Nasi Jasmine yang dimasak, dipanaskan, seperti yang dikehendaki

- Baji limau, seperti yang dikehendaki

**Arah:**

a) Satukan 6 bahan pertama dalam mangkuk bersaiz kecil. Tumis udang dalam kuali dalam 2 sudu besar adunan santan yang baru anda buat, sehingga udang bertukar merah jambu. Keluarkan mereka dan pastikan mereka hangat.

b) Masukkan baki santan & campuran sos ikan, bersama lada merah dan bawang ke dalam kuali. Didihkan. Kacau semasa memasak sehingga sayur-sayuran lembut, 3 hingga 4 minit. Masukkan udang, kemudian ketumbar. Panaskan sepenuhnya. Hidangkan di atas nasi dan dengan irisan limau nipis, seperti yang dikehendaki.

12. Halibut - Kari Sayur

Membuat 4 Hidangan

**bahan-bahan:**

**Untuk asas kari:**

- 2 sudu besar minyak, zaitun
- 1 cawan lobak merah, dicincang
- 1 cawan saderi, dicincang
- 1 cawan bawang, dicincang
- 1/4 cawan halia cincang, dikupas
- 4 ulas bawang putih besar dicincang
- 3 Sudu besar karipap, kuning Thai
- 4 cawan lobak merah jus
- 1 cawan santan dalam tin, tanpa gula
- 3 cawan 1" sayur campur kiub seperti labu, lada benggala
- Garam laut, seperti yang dikehendaki
- Lada tanah, seperti yang dikehendaki

**Untuk halibut:**

- 1/2 cawan kepingan badam
- 4 x 4-oz. Fillet halibut Pasifik, tanpa kulit
- Garam laut, seperti yang dikehendaki
- 1 putih telur, besar
- 2 sudu besar minyak, zaitun
- Daun selasih, segar, seperti yang dikehendaki

**Arah:**

a) Untuk menyediakan asas kari, panaskan minyak di atas periuk pada sederhana rendah . Masukkan bawang putih, halia, bawang besar, lobak merah dan saderi. Kacau sekali-sekala semasa memasak selama 10 hingga 15 minit, sehingga sayur-sayuran lembut dan wangi.

b) Naikkan tahap haba kepada sederhana-tinggi . Masukkan karipap. Kacau semasa memasak selama 2 hingga 3 minit sehingga pes mula karamel. Masukkan jus lobak merah dan naikkan tahap haba kepada tinggi. Kemudian biarkan adunan mendidih. Kurangkan tahap haba kepada sederhana-rendah . Rebus selama 15 hingga 20 minit, sehingga jus telah berkurangan sebanyak satu setengah.

c) Tapis kari melalui ayak ke dalam mangkuk bersaiz besar. Buang pepejal daripada ayak. Kembalikan adunan ke dalam periuk sederhana yang sama. Masukkan santan & sayur campur. Kacau sekali-sekala semasa memasak dengan sederhana tinggi selama 8 hingga 10 minit, sehingga sayur-sayuran menjadi lembut. Perasakan seperti yang dikehendaki.

d) Untuk menyediakan halibut, panaskan ketuhar hingga 350F. Kisar badam dalam pemproses makanan, tanpa mengisar menjadi pes. Pindahkan ke mangkuk cetek dan lebar. Perasakan setiap sisi fillet menggunakan garam laut. Pukul putih telur dalam mangkuk cetek dan bijak yang berasingan sehingga hampir tidak berbuih. Celupkan bahagian atas fillet dalam putih telur sebelum celup dalam badam. Tekan supaya badam melekat dengan baik. Pindahkan mereka ke dalam pinggan dengan bahagian kerak menghadap ke atas.

e) Panaskan minyak dalam kuali yang selamat untuk ketuhar pada sederhana tinggi . Letakkan ikan dalam kuali dengan bahagian kerak menghadap ke bawah. Masak selama 3 hingga 4 minit, sehingga kacang menjadi perang keemasan. Terbalikkan fillet. Pindahkan kuali ke ketuhar 350F. Bakar selama 4 hingga 5 minit, sehingga ikan hampir tidak legap di tengah.

f) Bahagikan asas kari ke dalam mangkuk individu. Teratas dengan fillet dan hiaskan dengan selasih dan hidangkan.

## 13. Kari kerang

Membuat 4 Hidangan

**bahan-bahan:**

- 2 sudu besar minyak, sayuran
- 3 biji daun bawang dihiris, kemudian bilas & toskan daun bawang – bahagian hijau muda dan putih sahaja
- Garam kosher, seperti yang dikehendaki
- Lada tanah, seperti yang dikehendaki
- 2 ulas bawang putih dihiris
- 1/2 sudu teh serbuk kari, madras
- 2 & 1/2 paun. kerang – buang janggut
- 1/2 cawan santan tin, tanpa gula
- Untuk menghidangkan: 2 sudu besar daun ketumbar

**Arah:**

a) Panaskan minyak dalam periuk berat dan besar dengan sederhana tinggi . Masukkan daun bawang dan perasakan mengikut keinginan. Kacau selalu semasa memasak selama 8 hingga 10 minit, sehingga ia lembut. Masukkan serbuk kari dan bawang putih. Kacau semasa memasak selama 1-2 minit, sehingga wangi.

b) Masukkan santan, 1 & 1/2 cawan air dan kerang. Didihkan dan kecilkan paras api kepada rendah. Tutup periuk.

c) Masak selama 5-7 minit, sehingga kerang dibuka. Buang kerang yang belum dibuka. Teratas dengan ketumbar dan hidangkan.

## 14. Serai & Kari Udang

Membuat 4 Hidangan

**bahan-bahan:**

- 1 bawang merah dicincang kasar, besar
- 5 ulas bawang putih yang ditumbuk
- 2 batang serai – hiris bahagian hijau pucat dan mentol nipis 1" halia yang dikupas & dicincang
- 1 biji lada jalapeño dicincang
- 1 sudu teh ketumbar, dikisar
- 1/2 sudu teh jintan manis, dikisar
- 1/2 cawan daun ketumbar dan batang lembut + tambahan untuk dihidangkan
- 2 sudu besar minyak, sayuran
- 2 Sudu besar miso, putih
- 2 sudu teh gula, coklat muda
- 1 x 13 & 1/2-oz. tin santan, tanpa gula
- Garam kosher & lada sulah, seperti yang dikehendaki

- 1 lb. udang besar yang telah dikupas & dibuang

- 2 sudu besar jus limau nipis, segar

- Untuk dihidangkan: nasi panas & limau nipis

Arah:

a) Proseskan bawang putih, bawang merah, halia, serai, jintan manis, ketumbar, jalapeño, 1 sudu besar minyak dan 1/2 cawan ketumbar dalam pemproses makanan sehingga anda mempunyai pes yang licin.

b) 1 Sudu Besar minyak terakhir dalam kuali dengan api sederhana tinggi . Kacau pes sentiasa semasa memasak selama 5-7 minit, sehingga wangi.

c) Campurkan gula dan miso. Pukul dalam 1/2 cawan air dan santan. Bawa hingga mendidih. Perasakan seperti yang dikehendaki. Kurangkan tahap haba dan kacau kari sekali-sekala sambil didihkan sehingga rasa lembut dan sebati, 20 hingga 25 minit.

d) Masukkan udang ke dalam kari. Reneh selama 3-4 minit, sehingga hampir masak. Keluarkan kuali dari api. Kacau air limau nipis ke dalam kari.

e) Bahagikan nasi dalam mangkuk individu, dan sudu kari di atasnya. Teratas dengan ketumbar. Hidangkan bersama hirisan limau nipis segar.

## 15. Kari Ikan Merah

Membuat 4 Hidangan

**bahan-bahan:**

- 1 bawang merah, besar
- 6 ulas bawang putih
- 1 x 2"-dikupas, dihiris halia
- 2 sudu besar minyak, sayuran
- 2 sudu besar karipap, merah
- 2 sudu teh kunyit, dikisar
- 1 & 1/2 cawan tomato utuh, tin, dikupas + 15 auns jus
- 1 x 13 & 1/2-oz. tin santan, tanpa gula
- Garam kosher, seperti yang dikehendaki
- 1 lb. 1"-potong sayur campur, seperti lobak merah, kembang kol
- 1 paun daripada 2"-potong ikan kod atau halibut – keluarkan kulitnya

- Untuk dihidangkan: mi nasi, masak, hirisan limau nipis dan daun ketumbar, mengikut kehendak

**Arah:**

a) Tumbuk bawang merah, halia dan bawang putih halus dalam pemproses makanan. Panaskan minyak dalam kuali besar dengan api sederhana. Masukkan bancuhan bawang merah ke dalam kuali. Kacau selalu semasa memasak selama 4-5 minit, sehingga perang keemasan.

b) Masukkan kunyit dan karipap. Kacau semasa memasak selama 3-4 minit sehingga adunan mula melekat pada kuali dan warna menjadi gelap. Pecahkan tomato dan masukkannya serta jusnya. Kacau selalu semasa memasak dan kikis mana-mana bahagian yang berwarna perang selama 4-5 minit, sehingga tomato mula pecah dan melekat pada periuk.

c) Masukkan santan. Perasakan seperti yang dikehendaki. Kacau sekali-sekala sambil mereneh selama 8 hingga 10 minit, sehingga rasa sebati dan adunan sedikit pekat. Masukkan sayur.

d) Tuangkan air secukupnya untuk menutupi sayur-sayuran. Bawa hingga mendidih. Kacau sekali-sekala semasa memasak selama 8 hingga 10 minit, sehingga sayur-sayuran menjadi garing-lembut.

e) Perasakan ikan seperti yang dikehendaki. Masukkan ke dalam kari. Kembalikan kari hingga mendidih. Masak selama 5-6 minit, sehingga ikan masak sepenuhnya. Sudukan kari ke atas mee. Teratas dengan perahan limau nipis segar dan ketumbar. Hidangkan.

## 16. Ikan dan kari kacang

Membuat 6 Hidangan

**bahan-bahan:**

- 50 g (1¾ oz/1/3 cawan) biji bijan
- 1 sudu kecil lada cayenne
- ¼ sudu teh kunyit kisar
- 1 sudu besar kelapa kering
- 2 sudu teh ketumbar kisar
- 1 sudu teh jintan kisar
- 40 g (1½ auns/½ cawan) bawang goreng rangup
- 5 cm (2 inci) keping halia, dicincang
- 2 ulas bawang putih, cincang
- 3 sudu besar asam jawa
- 1 sudu besar mentega kacang rangup
- 1 sudu besar kacang tanah panggang
- 8 helai daun kari, tambah tambahan untuk dihidangkan

- 1 kg (2 lb 4 oz) isi ikan putih pejal, dipotong menjadi kiub 2 cm ($\frac{3}{4}$ in) tanpa kulit

- 1 sudu besar jus lemon

**Arah:**

a) Masukkan bijan dalam kuali berasaskan berat di atas api sederhana dan kacau sehingga kekuningan. Masukkan lada cayenne, kunyit, kelapa, ketumbar dan jintan kisar dan kacau selama satu minit lagi, atau sehingga naik bau. Ketepikan untuk sejuk.

b) Masukkan bawang goreng, halia, bawang putih, asam jawa, 1 sudu teh garam, mentega kacang, kacang tanah panggang, campuran rempah bijan dan 500 ml (17 oz/2 cawan) air panas dalam pemproses makanan dan proses sehingga adunan mencapai konsistensi yang licin dan pekat.

c) Masukkan sos dan daun kari ke dalam kuali berasaskan berat di atas api sederhana dan biarkan mendidih. Tutup dan reneh dengan api perlahan selama 15 minit, kemudian masukkan ikan dalam satu lapisan.

d) Reneh, ditutup, selama 5 minit lagi, atau sehingga ikan baru masak. Kacau perlahan-lahan melalui jus lemon, dan perasakan secukup rasa. Hiaskan dengan daun kari dan hidangkan.

## 17. Kerang & udang chu chee

Membuat 4 Hidangan

**bahan-bahan:**

- 10 biji cili merah panjang, keringkan
- 1 sudu kecil biji ketumbar
- 1 sudu besar pes udang
- 1 sudu besar lada putih
- 10 helai daun limau purut, dihiris halus
- 10 bawang merah Asia, dicincang
- 2 sudu kecil kulit limau purut parut halus
- 1 sudu besar batang dan akar ketumbar dicincang, dicincang
- 1 batang serai, bahagian putih sahaja, dicincang halus
- 3 sudu besar lengkuas dicincang
- 6 ulas bawang putih, ditumbuk
- 540 ml (18½ oz) krim kelapa tin

- 500 g (1 lb 2 oz) kerang dengan roe dikeluarkan
- 500 g (1 lb 2 oz) udang raja mentah (udang), dikupas, dikupas, ekor utuh
- 2-3 sudu besar sos ikan
- 2-3 sudu besar gula aren (jaggery)
- 8 helai daun limau purut, dihiris halus
- 2 biji cili merah, hiris nipis
- 1 genggam besar selasih Thai

Arah:

a) Rendam cili dalam air mendidih selama 5 minit, atau sehingga lembut. Keluarkan batang dan biji, kemudian potong. Gorengkan biji ketumbar, pes udang yang dibalut dengan kerajang, dan biji lada dalam kuali dengan api sederhana tinggi selama 2-3 minit, atau sehingga naik bau.

b) Biarkan sejuk. Menggunakan lesung dengan alu, atau pengisar rempah, hancurkan atau kisar ketumbar dan biji lada hingga menjadi serbuk.

c) Masukkan cili cincang, pes udang dan ketumbar kisar serta biji lada dengan baki bahan pes kari ke dalam pemproses makanan, atau dalam lesung dengan alu, dan proses atau tumbuk hingga halus.

d) Masukkan krim kelapa pekat dari bahagian atas tin ke dalam periuk, biarkan mendidih dengan cepat dengan api sederhana, kacau sekali-sekala, dan masak selama 5–10 minit, atau sehingga adunan 'terbelah' (minyak mula pecah).

e) Masukkan 3 sudu besar pes kari, kecilkan api dan reneh selama 10 minit, atau sehingga naik bau.

f) Masukkan baki krim kelapa, kerang dan udang, dan masak selama 5 minit, atau sehingga lembut. Masukkan sos ikan, gula melaka, daun limau purut dan cili, dan masak selama 1 minit. Kacau separuh basil Thai dan hiaskan dengan daun yang tinggal.

## 18. Udang pedas

Membuat 4 Hidangan

**bahan-bahan:**

- 1 kg (2 lb 4 oz) udang mentah, dikupas, dibuang, ekornya utuh
- 1 sudu teh kunyit kisar
- 3 sudu besar minyak
- 2 biji bawang, dicincang halus
- 4-6 ulas bawang putih, ditumbuk
- 1-2 tangkai cili hijau, buang biji, potong
- 2 sudu teh jintan kisar
- 2 sudu teh ketumbar kisar
- 1 sudu kecil paprika
- 90 g (3½ oz/1/3 cawan) yogurt biasa
- 80 ml (2½ oz/1/3 cawan) krim pekat (sebat).
- 1 genggam besar daun ketumbar, dihiris

**Arah:**

a) Didihkan 1 liter (35 oz/4 cawan) air dalam periuk. Masukkan kulit dan kepala udang yang telah dikhaskan, kecilkan api dan reneh selama 2 minit.

b) Skim sebarang buih yang terbentuk di permukaan semasa memasak. Tapis, buang kulit dan kepala dan kembalikan cecair ke dalam kuali. Anda memerlukan kira-kira 750 ml (26 oz/3 cawan) cecair (solekan dengan air jika perlu).

c) Masukkan kunyit dan udang kupas, dan masak selama 1 minit, atau sehingga udang bertukar merah jambu, kemudian keluarkan udang. Simpan stok.

d) Panaskan minyak dalam periuk besar. Masukkan bawang dan masak dengan api sederhana, kacau, selama 8 minit, atau sehingga perang keemasan ringan. Masukkan bawang putih dan cili, dan masak selama 1-2 minit, kemudian masukkan jintan, ketumbar dan paprika, dan masak, kacau, selama 1-2 minit, atau sehingga wangi.

e) Masukkan stok yang dikhaskan secara beransur-ansur, biarkan mendidih dan masak, kacau sekali-sekala, selama 30-35 minit, atau sehingga adunan berkurangan separuh dan menebal.

f) Angkat dari api dan masukkan yogurt. Masukkan udang dan kacau dengan api perlahan selama 2-3 minit, atau sehingga udang panas. Jangan rebus.

g) Masukkan krim dan daun ketumbar. Tutup dan biarkan selama 15 minit untuk membolehkan perisa meresap. Panaskan semula perlahan-lahan dan hidangkan.

19. Ikan dalam kari yogurt

Membuat 4 Hidangan

**bahan-bahan:**

- 1 kg (2 lb 4 oz) isi ikan putih pejal tanpa kulit
- 3 sudu besar minyak
- 1 bawang, dicincang
- 2 sudu besar halia dihiris halus
- 6 ulas bawang putih, ditumbuk
- 1 sudu teh jintan kisar
- 2 sudu teh ketumbar kisar
- 1 sudu teh kunyit kisar
- 1 sudu teh garam masala
- 185 g (6½ auns/¾ cawan) yogurt gaya Yunani
- 4 biji cili hijau panjang, dibuang biji, daun ketumbar dihiris halus, untuk dihidangkan

**Arah:**

a) Potong setiap isi ikan kepada empat bahagian dan keringkan dengan teliti. Panaskan minyak dalam kuali berasaskan berat dengan api perlahan dan goreng bawang sehingga lembut dan berwarna perang.

b) Masukkan halia, bawang putih dan rempah ratus dan kacau selama 2 minit. Masukkan yogurt dan cili hijau dan biarkan mendidih, kemudian tutup dan reneh selama 10 minit.

c) Masukkan kepingan ikan dan teruskan reneh selama 10-12 minit, atau sehingga ikan mengelupas dengan mudah dan masak. Jangan terlalu masak atau ikan akan mengeluarkan cecair dan sos akan terbelah.

d) Hiaskan dengan daun ketumbar dan hidangkan segera. Jika anda membiarkan hidangan itu duduk, ikan mungkin mengeluarkan cecair dan menjadikan sos lebih cair.

## 20. Udang kari hutan

Membuat 6 Hidangan

**bahan-bahan:**

- 10–12 biji cili merah kering
- 1 sudu kecil lada putih
- 4 biji bawang merah Asia
- 4 ulas bawang putih
- 1 batang serai, bahagian putih sahaja, dicincang
- 1 sudu besar lengkuas dicincang halus
- 2 akar ketumbar
- 1 sudu besar halia dicincang halus
- 1 sudu besar pes udang panggang kering
- 1 sudu besar minyak kacang tanah
- 1 ulas bawang putih, ditumbuk
- 1 sudu besar sos ikan
- 30 g (1 oz/¼ cawan) kemiri yang dikisar
- 300 ml (10½ oz) stok ikan

- 1 sudu besar wiski

- 3 helai daun limau purut, koyak

- 600 g (1 lb 5 oz) udang mentah (udang), dikupas dan dikeringkan, ekornya utuh

- 1 lobak merah kecil, dibelah empat memanjang, dihiris nipis pada pepenjuru

- 150 g (5½ oz) kacang ular (sepanjang ela), dipotong menjadi 2 cm (¾ in) panjang

- 50 g (1¾ oz/¼ cawan) rebung

- Basil Thai, untuk dihidangkan

**Arah:**

a) Rendam cili dalam air mendidih selama 5 minit, atau sehingga lembut. Keluarkan batang dan biji, kemudian potong. Masukkan cili dan bahan pes kari yang tinggal dalam pemproses makanan, atau dalam lesung dengan alu, dan proses atau tumbuk hingga menjadi pes yang halus. Tambah sedikit air jika terlalu pekat.

b) Panaskan kuali dengan api sederhana, masukkan minyak dan kacau hingga menyalut. Masukkan bawang putih dan 3 sudu besar pes kari dan masak, kacau, selama 5 minit. Masukkan sos ikan, candlenut yang dikisar, stok ikan, wiski, daun limau purut, udang, lobak merah, kacang dan pucuk buluh.

c) Didihkan, kemudian kecilkan api dan reneh selama 5 minit, atau sehingga udang dan sayur masak. Teratas dengan basil Thai dan hidangkan.

## 21. Kari sotong

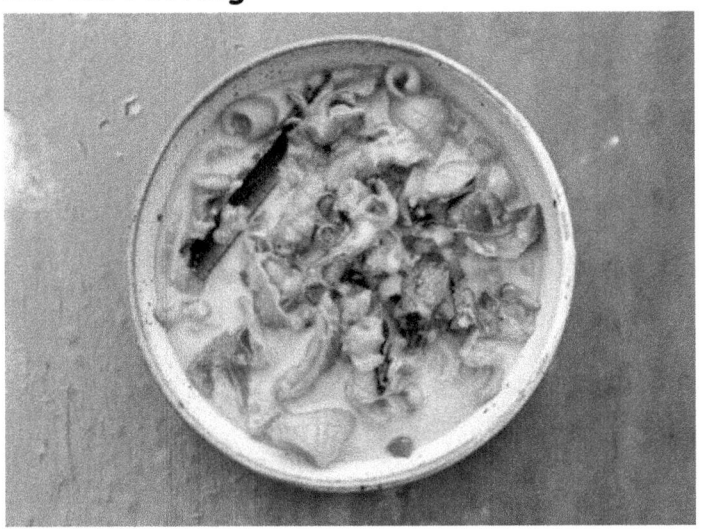

Membuat 4 Hidangan

**bahan-bahan:**

- 1 kg (2 lb 4 oz) sotong
- 1 sudu kecil biji jintan manis
- 1 sudu kecil biji ketumbar
- 1 sudu kecil serbuk cili
- 1 sudu kecil kunyit kisar
- 2 sudu besar minyak
- 1 bawang, dicincang halus
- 10 helai daun kari, tambah tambahan untuk hiasan
- 1 sudu kecil biji fenugreek
- 4 ulas bawang putih, ditumbuk
- 7 cm (2¾ in) sekeping halia, parut
- 100 ml (3½ oz) krim kelapa
- 3 sudu besar jus limau nipis

Arah:

a) Tarik kepala dan sesungut sotong keluar dari badan mereka, bersama-sama dengan mana-mana bahagian dalam, dan buang. Kupas kulitnya. Bilas badan dengan baik, tarik keluar duri jernih, kemudian potong badan menjadi cincin 2.5 cm (1 inci).

b) Tumiskan jintan manis dan biji ketumbar dalam kuali dengan api sederhana tinggi selama 2-3 minit, atau sehingga naik bau. Biarkan sejuk. Menggunakan lesung dengan alu, atau pengisar rempah, hancurkan atau kisar sehingga menjadi serbuk. Gaulkan jintan manis dan ketumbar dengan serbuk cili dan kunyit kisar. Masukkan sotong dan gaul rata.

c) Dalam kuali berasaskan berat, panaskan minyak dan goreng bawang sehingga keperangan. Masukkan daun kari, halba, bawang putih, halia dan santan.

d) Didihkan perlahan-lahan. Masukkan sotong, kemudian kacau rata. Reneh selama 2-3 minit, atau sehingga masak dan lembut. Masukkan air limau nipis, perasakan dan hidangkan dengan hiasan daun kari.

## 22. Kari makanan laut Bali

Membuat 6 Hidangan

**bahan-bahan:**

- 1 sudu besar biji ketumbar
- 1 sudu kecil pes udang
- buah tomato
- 5 biji cili merah
- 5 ulas bawang putih, ditumbuk
- batang serai, bahagian putih sahaja, dicincang
- 1 sudu besar badam kisar
- $\frac{1}{4}$ sudu teh pala tanah
- 1 sudu kecil kunyit kisar
- 60 g (2$\frac{1}{4}$ auns/$\frac{1}{4}$ cawan) asam jawa
- 3 sudu besar jus limau nipis
- 250 g (9 oz) tanpa kulit, isi ikan putih pejal, dipotong menjadi 3 cm (1$\frac{1}{4}$ in) kiub
- 3 sudu besar minyak

- bawang merah, dicincang
- cili merah, buang biji, hiris
- 400 g (14 oz), udang mentah (udang) dikupas dan dikeringkan, ekornya utuh
- 250 g (9 oz) tiub sotong, dipotong menjadi cincin 1 cm ($\frac{1}{2}$ inci).
- 125 ml (4 oz/$\frac{1}{2}$ cawan) stok ikan
- basil Thai yang dicincang, untuk dihidangkan

**Arah:**

a) Gorengkan biji ketumbar dan pes udang yang dibalut dengan kerajang dalam kuali dengan api sederhana tinggi selama 2-3 minit, atau sehingga naik bau. Biarkan sejuk. Menggunakan lesung dengan alu, atau pengisar rempah, hancurkan atau kisar biji ketumbar hingga menjadi serbuk.

b) Skor silang di pangkal tomato, letakkan dalam mangkuk tahan panas dan tutup dengan air mendidih. Biarkan selama 30 saat, kemudian pindahkan ke air sejuk dan kupas kulit dari salib.

c) Potong tomato separuh dan cedok bijinya. Buang biji dan potong kasar daging tomato.

d) Masukkan biji ketumbar yang telah dihancurkan, pes udang dan tomato dengan baki bahan pes kari ke dalam pemproses makanan, atau dalam lesung dengan alu, dan proses atau tumbuk menjadi pes yang halus.

e) Masukkan jus limau nipis ke dalam mangkuk dan perasakan dengan garam dan lada hitam yang baru dikisar. Masukkan ikan, gaul hingga sebati dan biarkan perap selama 20 minit.

f) Panaskan minyak dalam periuk atau kuali, masukkan bawang besar, hirisan cili merah dan pes kari, dan masak, kacau sekali-sekala, dengan api perlahan selama 10 minit, atau sehingga wangi. Masukkan ikan dan udang, dan kacau hingga menyaluti adunan karipap.

g) Masak selama 3 minit, atau sehingga udang bertukar merah jambu, kemudian masukkan sotong dan masak selama 1 minit.

h) Masukkan stok dan biarkan mendidih, kemudian kecilkan api dan reneh selama 2 minit, atau sehingga makanan laut masak dan lembut. Perasakan secukup rasa dengan garam dan lada hitam yang baru dikisar.

i) Teratas dengan daun selasih yang dicincang.

## 23. Kari ikan goan

Membuat 6 Hidangan

**bahan-bahan:**

- 3 sudu besar minyak
- 1 biji bawang besar, cincang halus
- 4-5 ulas bawang putih, ditumbuk
- 2 sudu teh halia parut
- 4-6 tangkai cili merah kering
- 1 sudu besar biji ketumbar
- 2 sudu kecil biji jintan manis
- 1 sudu teh kunyit kisar
- $\frac{1}{4}$ sudu teh serbuk cili
- 30 g (1 oz/1/3 cawan) kelapa kering
- 270 ml (9$\frac{1}{2}$ oz) santan
- 2 biji tomato, dikupas dan dicincang
- 2 sudu besar asam jawa
- 1 sudu besar cuka putih

- 6 helai daun kari

- 1 kg (2 lb 4 oz) isi ikan putih pejal, tanpa kulit, dipotong menjadi kepingan 8 cm (3¼ inci)

**Arah:**

a) Panaskan minyak dalam periuk besar. Masukkan bawang dan masak, kacau, dengan api perlahan selama 10 minit, atau sehingga lembut dan sedikit keemasan. Masukkan bawang putih dan halia, dan masak selama 2 minit lagi.

b) Tumis cili kering, biji ketumbar, biji jintan manis, kunyit kisar, serbuk cili dan kelapa kering dalam kuali dengan api sederhana tinggi selama 2–3 minit, atau sehingga naik bau. Biarkan sejuk. Menggunakan lesung dengan alu, atau pengisar rempah, hancurkan atau kisar sehingga menjadi serbuk.

c) Masukkan adunan rempah, santan, tomato, asam jawa, cuka dan daun kari ke dalam adunan bawang.

d) Kacau hingga sebati, tambahkan 250 ml (9 auns/1 cawan) air dan renehkan, kacau kerap, selama 10 minit, atau sehingga tomato lembut dan adunan sedikit pekat.

e) Masukkan ikan dan masak, bertutup, dengan api perlahan selama 10 minit, atau sehingga masak.

f) Kacau perlahan-lahan sekali atau dua kali semasa memasak dan tambah sedikit air jika adunan terlalu pekat.

## 24. Kari ikan asam jawa

Membuat 4 Hidangan

**bahan-bahan:**

- 600 g (1 lb 5 oz) isi ikan putih pejal tanpa kulit
- 1 sudu kecil kunyit
- secubit serbuk kunyit
- 3 ulas bawang putih, ditumbuk
- 2 sudu teh jus lemon
- 1 sudu kecil biji jintan manis
- 2 sudu besar biji ketumbar
- 1 sudu kecil lada putih
- 4 biji buah pelaga, lebam
- 2½ sudu besar halia dicincang halus
- 2 biji cili merah, hiris halus
- 2 sudu besar minyak
- 1 bawang, dicincang

- 1 capsicum merah (lada), potong segi empat sama 2 cm ($\frac{3}{4}$ in).

- 1 capsicum hijau (lada), dipotong menjadi 2 cm ($\frac{3}{4}$ in) segi empat sama

- 4 biji tomato Roma (plum), dipotong dadu

- 2 sudu besar asam jawa

- 185 g ($6\frac{1}{2}$ auns/$\frac{3}{4}$ cawan) yogurt biasa

- 2 sudu besar ketumbar dicincang

Arah:

a) Bilas isi ikan dan keringkan. Cucuk fillet dengan garpu. Satukan kunyit, kunyit, bawang putih, jus lemon dan 1 sudu teh garam kemudian sapu atas isi ikan. Sejukkan selama 2-3 jam.

b) Keringkan -goreng biji jintan manis, biji ketumbar, biji lada dan buah pelaga dalam kuali dengan api sederhana tinggi selama 2-3 minit, atau sehingga naik bau. Biarkan sejuk.

c) Menggunakan lesung dengan alu, atau pengisar rempah, hancurkan atau kisar sehingga menjadi serbuk dan gabungkan dengan halia dan cili.

d) Panaskan minyak dalam periuk berasaskan berat di atas api sederhana dan masukkan bawang cincang, capsicum merah dan hijau, dan campuran rempah kisar.

e) Masak perlahan-lahan selama 10 minit, atau sehingga harum dan bawang menjadi lutsinar. Besarkan api, masukkan tomato yang dipotong dadu, 250 ml (9 oz/1 cawan) air dan asam jawa. Biarkan mendidih kemudian kecilkan hingga mendidih dan masak selama 20 minit.

f) Bilas pes dari ikan dan potong menjadi kepingan 3 cm ($1\frac{1}{4}$ inci). Masukkan ke dalam kuali dan teruskan reneh selama 10 minit.

g) Masukkan yogurt dan ketumbar cincang dan hidangkan.

## 25. Udang asam & kari labu

Membuat 4 Hidangan

**bahan-bahan:**

- 250 g (9 oz) skuasy
- 1 timun Lubnan (pendek).
- 400 ml (14 oz/12/3 cawan) krim kelapa
- 1½ sudu besar pes kari merah siap sedia
- 3 sudu besar sos ikan
- 2 sudu besar gula aren dicukur
- 400 g (14 oz) cendawan jerami tin, toskan
- 500 g (1 lb 2 oz) udang mentah (udang), dikupas, dikupas, ekor utuh
- 2 sudu besar asam jawa
- 2 biji cili merah, dihiris
- 1 sudu besar jus limau nipis
- 4 helai daun limau purut
- 4 akar ketumbar, dihiris

- 1 genggam kecil taugeh, untuk dihidangkan
- 1 genggam kecil daun ketumbar, untuk dihidangkan

**Arah:**

a) Kupas labu dan potong menjadi kiub 2 cm ($\frac{3}{4}$ in). Kupas dan potong timun separuh memanjang, kemudian kikis biji dengan satu sudu teh dan hiris nipis.

b) Masukkan krim kelapa pekat dari bahagian atas loyang ke dalam periuk, biarkan mendidih dengan cepat dengan api sederhana, kacau sekali-sekala, dan masak selama 5–10 minit, atau sehingga adunan 'terbelah' (minyak mula pecah). Masukkan pes dan kacau selama 2-3 minit, atau sehingga wangi.

c) Masukkan sos ikan dan gula melaka dan kacau hingga larut.

d) Masukkan baki krim kelapa, labu, dan 3 sudu besar air, tutup dan biarkan mendidih. Kecilkan hingga mendidih dan masak selama 10 minit, atau sehingga labu mula lembut.

e) Masukkan cendawan straw, udang, timun, asam jawa, cili, air limau nipis, daun limau purut dan akar ketumbar.

f) Tutup, besarkan api dan biarkan mendidih lagi sebelum didihkan dan masak selama 3-5 minit, atau sehingga udang masak.

g) Hiaskan dengan taugeh dan daun ketumbar.

## 26. Koftas ikan dalam kuah kari

Membuat 6 Hidangan

**bahan-bahan:**

**Koftas**

- 750 g (1 lb 10 oz) isi ikan putih pejal, kira-kira tanpa kulit,
- 1 bawang, dicincang
- 2-3 ulas bawang putih, ditumbuk
- 1 sudu besar halia parut
- 4 sudu besar ketumbar dicincang
- 1 sudu teh garam masala
- sudu kecil serbuk cili
- 1 biji telur, minyak dipukul sedikit, untuk menggoreng cetek

**Sos kari tomato**

- 2 sudu besar minyak
- 1 biji bawang besar, cincang halus
- 3-4 ulas bawang putih, ditumbuk

- 1 sudu besar halia parut
- 1 sudu teh kunyit kisar
- 1 sudu teh jintan kisar
- 1 sudu teh ketumbar kisar
- 1 sudu teh garam masala
- ¼ sudu teh serbuk cili
- 800 g (1 lb 12 oz) tomato hancur dalam tin
- 3 sudu besar ketumbar cincang

**Arah:**

a) Masukkan ikan ke dalam pemproses makanan, atau dalam mortar dengan alu, dan proses atau tumbuk menjadi pes yang licin. Masukkan bawang besar, bawang putih, halia, daun ketumbar, garam masala, serbuk cili dan telur, dan proses atau tumbuk sehingga sebati.

b) Menggunakan tangan yang dibasahi, bentukkan 1 sudu besar adunan menjadi bebola. Ulangi dengan adunan yang tinggal.

c) Untuk membuat sos kari tomato, panaskan minyak dalam periuk besar, masukkan bawang merah, bawang putih dan halia, dan masak, kacau kerap, dengan api sederhana selama 8 minit, atau sehingga sedikit keemasan.

d) Masukkan rempah dan masak, kacau, selama 2 minit, atau sehingga naik bau. Masukkan tomato dan 250 ml (9 oz/1 cawan) air, kemudian kecilkan api dan renehkan, kacau kerap, selama 15 minit, atau sehingga berkurangan dan pekat.

e) Sementara itu, panaskan minyak dalam kuali besar hingga kedalaman 2 cm ($\frac{3}{4}$ in). Masukkan koftas ikan dalam 3 atau 4 kelompok dan masak selama 3 minit, atau sehingga keperangan. Toskan pada tuala kertas.

f) Masukkan koftas ke dalam sos dan reneh dengan api perlahan selama 5 minit, atau sehingga dipanaskan.

g) Masukkan ketumbar perlahan-lahan, perasakan dengan garam dan hidangkan dihiasi dengan tangkai ketumbar.

27. Kari hijau dengan bebola ikan

Membuat 4 Hidangan

**bahan-bahan:**

- 350 g (12 oz), isi ikan putih pejal tanpa kulit, dipotong secara kasar
- 3 sudu besar krim kelapa
- 2 sudu besar karipap hijau siap sedia
- 440 ml (15¼ oz/1¾ cawan) santan
- 175 g (6 oz) terung epal Thai (terung), dibelah empat
- 175 g (6 oz) terung kacang (terung)
- 2 sudu besar sos ikan
- 2 sudu besar gula aren dicukur
- 50 g (1¾ oz) lengkuas dihiris halus
- 3 helai daun limau purut, dibelah dua
- 1 genggam kemangi suci untuk dihidangkan
- ½ cili merah panjang, dibuang biji, dihiris halus, untuk dihidangkan

**Arah:**

a) Masukkan isi ikan dalam pemproses makanan, atau dalam mortar dengan alu, dan proses atau tumbuk hingga menjadi pes yang licin.

b) Masukkan krim kelapa pekat dari bahagian atas loyang ke dalam periuk, biarkan mendidih dengan cepat dengan api sederhana, kacau sekali-sekala, dan masak selama 5-10 minit, atau sehingga adunan 'terbelah' (minyak mula pecah).

c) Masukkan pes kari dan masak selama 5 minit, atau sehingga naik bau. Masukkan baki santan dan gaul rata.

d) Gunakan sudu atau tangan anda yang basah untuk membentuk pes ikan menjadi bebola kecil, kira-kira 2 cm ($\frac{3}{4}$ in) melintang, dan jatuhkan ke dalam santan.

e) Masukkan terung, sos ikan dan gula dan masak selama 12-15 minit, kacau sekali-sekala, atau sehingga ikan dan terung masak.

f) Masukkan lengkuas dan daun limau purut. Rasa, kemudian sesuaikan perasa jika perlu.

g) Sudukan ke dalam mangkuk hidangan dan taburkan santan tambahan, daun selasih dan cili hiris.

## 28. Udang dengan selasih Thai

Membuat 4 Hidangan

**bahan-bahan:**

- 2 biji cili merah panjang kering
- 2 batang serai bahagian putih sahaja dihiris halus
- 2.5 cm (1 inci) keping lengkuas, dihiris halus
- 5 ulas bawang putih, ditumbuk
- 4 biji bawang merah Asia, dicincang halus
- 6 akar ketumbar, dihiris halus
- 1 sudu kecil pes udang
- 1 sudu teh jintan kisar
- 3 sudu besar kacang tanah tanpa garam dicincang
- 600 g (1 lb 5 oz) udang mentah (udang), dikupas, dikupas, ekor utuh
- 2 sudu besar minyak
- 185 ml (6 oz/¾ cawan) santan
- 2 sudu kecil sos ikan

- 2 sudu teh gula aren dicukur (jaggery)
- 1 genggam daun selasih Thai, untuk dihidangkan

**Arah:**

a) Rendam cili dalam air mendidih selama 5 minit, atau sehingga lembut. Keluarkan biji dan batang dan potong.

b) Masukkan cili dan bahan pes kari yang tinggal dalam pemproses makanan, atau dalam lesung dengan alu, dan proses atau tumbuk hingga menjadi pes yang halus.

c) Potong setiap udang di bahagian belakang supaya ia terbuka seperti rama-rama (biarkan setiap udang bercantum di sepanjang pangkal dan di ekor).

d) Panaskan minyak dalam periuk atau kuali dan tumis 2 sudu besar pes kari dengan api sederhana selama 2 minit, atau sehingga naik bau.

e) Masukkan santan, sos ikan dan gula aren dan masak selama beberapa saat. Masukkan udang dan masak selama beberapa minit atau sehingga masak. Rasa, kemudian sesuaikan perasa jika perlu.

f) Hidangkan dihiasi dengan basil Thai.

## 29. Kari udang berkrim

Membuat 4 Hidangan

**bahan-bahan:**

- 500 g (1 lb 2 oz) udang harimau, dikupas, dibuang, dengan ekor utuh
- 1½ sudu besar jus lemon
- 3 sudu besar minyak
- 1 biji bawang, dicincang halus
- 1 sudu teh kunyit kisar
- 1 batang kayu manis
- 4 biji cengkih
- 7 biji buah pelaga, lebam
- 5 daun bay India (cassia).
- 2 cm (¾ in) keping halia, parut
- 3 ulas bawang putih, ditumbuk
- 1 sudu kecil serbuk cili
- 170 ml (5½ oz/2/3 cawan) santan

**Arah:**

a) Masukkan udang ke dalam mangkuk, masukkan jus lemon, kemudian gaulkan dan biarkan selama 5 minit. Bilas udang di bawah air sejuk yang mengalir dan keringkan dengan tuala kertas.

b) Panaskan minyak dalam kuali berasaskan berat dan goreng bawang sehingga perang sedikit. Masukkan kunyit, kayu manis, bunga cengkih, buah pelaga, daun salam, halia dan bawang putih, dan goreng selama 1 minit.

c) Masukkan serbuk cili, santan dan garam secukup rasa, dan biarkan mendidih perlahan-lahan. Kecilkan api dan reneh selama 2 minit.

d) Masukkan udang, kembali mendidih, kemudian kecilkan api dan reneh selama 5 minit, atau sehingga udang masak dan sos pekat.

# KARI AYAM

## 30. Kari Ayam Masam Manis

Membuat 4 Hidangan

**bahan-bahan:**

- 1 paun daripada 1"-dada ayam tanpa kulit tanpa tulang yang dipotong dadu
- 1 x 14 & 1/2-oz. tin tomato rebus yang dipotong
- 1 x 1"-lada hijau potong dadu, besar
- 1 biji bawang besar dihiris
- 1 & 1/2 sudu kecil serbuk kari
- 1/2 cawan chutney, mangga
- 2 Sudu besar tepung jagung
- 1/4 cawan air, sejuk

**Arah:**

a) Satukan ayam dengan tomato, bawang, lada hijau, serbuk kari dan chutney mangga dalam periuk perlahan. Penutup.

b) Masak pada tetapan tinggi selama 3 hingga 4 jam, sehingga tiada warna merah jambu kekal dalam daging ayam.

c) Satukan air dan tepung jagung sehingga sebati dan kacau adunan ke dalam periuk perlahan. Penutup. Masak pada tetapan tinggi sehingga pekat, kira-kira 1/2 jam. Hidangkan.

## 31. Sup Kari dengan Mee

Membuat 6 Hidangan

**bahan-bahan:**

- 2 sudu besar minyak, sayuran
- 3 sudu besar bawang merah, dicincang
- 3 ulas bawang putih dihiris
- 2 sudu besar serai, dikisar – buang daun luar
- 2 sudu besar halia segar, dikupas, dikisar
- 2 Sudu besar karipap, kuning
- 2 Sudu besar serbuk kari
- 1 sudu kecil pes cili, panas
- 2 x 13 & 1/2 – 14-oz. tin santan, tanpa gula
- 5 cawan air rebusan ayam, rendah natrium
- 2 & 1/2 Sudu besar sos ikan
- 2 sudu teh gula, ditumbuk

- 3 cawan kacang salji yang dipotong
- 2 cawan ubi keledek, 1/2" kiub kupas
- 1 lb. mi kering, bihun
- 3/4 lb. paha ayam yang dihiris nipis, tanpa tulang, tanpa kulit
- 1/2 cawan bawang merah, dihiris nipis
- 1/4 cawan bawang hijau, dihiris nipis
- 1/4 cawan ketumbar cincang, segar
- 2 biji cili merah, jalapeño
- 1 biji limau purut

**Arah:**

a) Panaskan minyak dalam periuk besar dan berat dengan api sederhana . Masukkan empat bahan seterusnya dan kacau selama seminit atau lebih, sehingga wangi.

b) Kurangkan tahap haba kepada sederhana-rendah . Masukkan pes cili, karipap dan serbuk kari. Masukkan 1/2 cawan santan.

c) Kacau selama beberapa minit hingga naik bau dan pekat. Masukkan baki santan, bersama sos ikan, air rebusan & gula. Kemudian masak air rebusan sehingga mendidih dan panaskan.

d) Masak kacang salji dalam periuk air masin, mendidih selama 1/2 minit, sehingga ia berwarna hijau terang. Gunakan penapis untuk mengeluarkan kacang dari periuk. Sejukkan dengan membilas di bawah air paip. Letakkan kacang dalam mangkuk bersaiz sederhana. Didihkan kembali periuk air. Masukkan keledek. Masak selama tujuh minit, sehingga lembut.

e) Gunakan penapis untuk mengeluarkan keledek dari periuk. Sejukkan dengan membilas di bawah air paip. Letakkan dalam mangkuk kecil. Didihkan kembali periuk air yang sama. Masak mee selama 5-6 minit, sehingga pejal tetapi lembut. Toskan dan bilas dalam air sejuk sehingga sejuk. Pindahkan mi ke mangkuk selamat gelombang mikro.

f) Biarkan kuahnya mendidih. Masukkan ayam. Reneh selama 10-12 minit, sehingga ayam masak sepenuhnya. Masukkan ubi keledek. Kacau selama seminit atau lebih, panaskan. Panaskan mi dalam ketuhar gelombang mikro dalam selang masa 30 saat untuk memanaskan semula.

g) Bahagikan mee dalam mangkuk individu. Bahagikan sup yang dipanaskan dan kacang salji ke dalam mangkuk. Taburkan sup dengan cili, ketumbar, bawang hijau dan bawang merah. Hidangkan.

## 32. Kari Gaya Caribbean

Membuat 8 Hidangan

**bahan-bahan:**

- 1 Sudu besar serbuk kari
- 1 sudu teh lada, dikisar
- 1 sudu teh serbuk bawang putih
- 8 paha ayam, tanpa kulit, tanpa tulang
- 1 biji bawang sederhana yang dihiris nipis
- 1 & 1/2 cawan perapan creole mojo
- 2 sudu besar minyak, kanola
- 2 Sudu Besar Daripada tepung, serba guna

**Arah:**

a) Satukan serbuk kari dengan serbuk bawang putih & lada sulah. Taburkan adunan ke atas ayam dan tekan ke bawah, bantu ia melekat pada ayam.

b)  Letakkan ayam dalam periuk perlahan. Taburkan dengan bawang. Tuangkan perapan dengan berhati-hati di sepanjang bahagian dalam periuk perlahan, tetapi elakkan ayam supaya salutan akan kekal utuh.

c)  Tutup periuk perlahan. Masak pada tetapan rendah selama 4 hingga 6 jam. Keluarkan ayam dan panaskan.

d)  Tuangkan jus dari periuk perlahan ke dalam cawan penyukat dan kurangkan lemaknya. Panaskan minyak dalam kuali besar dengan api sederhana. Pukul tepung hingga rata. Pukul jus masak secara beransur-ansur.

e)  Didihkan adunan. Kacau sentiasa semasa memasak selama 1 hingga 2 minit, sehingga adunan pekat. Kurangkan tahap haba.

f)  Masukkan ayam. Reneh selama 5-7 minit. Hidangkan.

## 33. Kari Ayam Chowder

Membuat 8 Hidangan

**bahan-bahan:**

- 1 Sudu besar mentega, tanpa garam
- 2 bawang cincang, sederhana
- 2 sudu kecil serbuk kari
- 2 rusuk saderi yang dicincang
- Sedikit lada cayenne
- 1/4 sudu teh garam, halal
- 1/4 sudu teh lada, dikisar
- 5 cawan jagung, beku
- 3 x 14 & 1/2-oz. tin sup ayam, natrium rendah
- 1/2 cawan tepung, serba guna
- 1/2 cawan susu, 2%
- 3 cawan dada ayam, potong dadu dan masak
- 1/3 cawan ketumbar cincang, segar

**Arah:**

a) Dalam periuk besar, panaskan mentega dengan api sederhana . Masukkan saderi dan bawang besar. Kacau semasa memasak sehingga ia empuk. Masukkan bahan perasa dan masak selama 1/2 minit lagi.

b) Masukkan sup dan jagung dan biarkan mendidih. Kecilkan api dan tutup periuk. Reneh selama 15-20 minit.

c) Pukul susu dan tepung dalam mangkuk kecil sehingga rata dan kacau ke dalam sup. Bawa kembali mendidih. Kacau semasa memasak sehingga pekat, kira-kira dua minit. Masukkan ketumbar dan ayam dan panaskan sepenuhnya. Hidangkan.

## 34. Kari Ayam Slow Cooker

Membuat 6 Hidangan

**bahan-bahan:**

- 6 bahagian dada ayam, tanpa kulit, tanpa tulang
- 1 & 1/4 sudu teh garam, halal
- 1 x 14-oz. tin santan, ringan
- 1/2 sudu teh kunyit, dikisar
- 1/2 sudu kecil lada cayenne
- 1 sudu kecil serbuk kari
- 3 biji bawang hijau dihiris
- 2 sudu besar air, sejuk
- 2 Sudu besar tepung jagung
- 1-2 sudu besar jus limau nipis
- 3 cawan nasi panas

**Arah:**

a) Taburkan garam ke atas ayam. Salutkan kuali besar yang tidak melekat menggunakan semburan masak. Kemudian perangkan ayam di setiap sisi dan masukkan ke dalam periuk perlahan yang besar.

b) Dalam mangkuk sederhana, satukan santan, kunyit, cayenne dan kari. Tuang adunan ke atas ayam. Taburkan dengan 1/2 biji bawang. Penutup. Masak dalam periuk perlahan sehingga ayam menjadi empuk, 4 hingga 5 jam.

c) Satukan air sejuk dan kanji jagung sehingga sebati dan kacau adunan ke dalam periuk perlahan. Letakkan penutup semula. Masak pada tetapan tinggi sehingga sos pekat, kira-kira setengah jam. Masukkan jus limau nipis. Hidangkan ayam bersama nasi panas.

d) Tuangkan sos dan taburkan baki bawang di atas.

## 35. Kari Ayam Ala Thai

Membuat 4 Hidangan

**bahan-bahan:**

- 1 lb. daripada 1/2"-dada ayam potong dadu, tanpa kulit, tanpa tulang
- 1/2 sudu teh garam, halal
- 1/4 sudu teh lada, dikisar
- 1 sudu besar minyak, zaitun
- 6 biji bawang hijau dihiris nipis
- 1 ulas bawang putih kisar
- 2 Sudu besar tepung jagung
- 1 & 1/2 cawan stok, ayam
- 3/4 cawan santan, ringan
- 1 sudu besar jus limau nipis, segar
- 1 sudu teh karipap, merah
- 1 sudu teh kicap, mengurangkan natrium
- 2 cawan beras perang, masak
- 1/4 cawan kelapa parut, tanpa gula

**Arah:**

a) Gaulkan ayam dengan garam halal dan lada sulah. Dalam kuali besar, panaskan minyak pada sederhana tinggi . Masukkan ayam. Kacau semasa memasak selama 2 hingga 3 minit, sehingga bahagian luar tidak merah jambu lagi. Masukkan bawang putih dan bawang hijau. Masak seminit lagi.

b) Dalam mangkuk bersaiz kecil, campurkan stok dan tepung jagung sehingga rata dan kacau adunan ke dalam kuali sederhana. Masukkan santan, karipap, kicap dan air limau nipis. Didihkan. Kecilkan api.

c) Biarkan kuali tidak bertutup dan reneh selama 5 hingga 6 minit, sehingga sos agak pekat. Masukkan ke atas nasi dan taburkan dengan kelapa. Hidangkan.

## 36. Kari Ayam Kelapa

Membuat 6 Hidangan

**bahan-bahan:**

- 2 x 14-oz. tin santan, ringan
- 1/3 – 1/2 cawan karipap, merah
- 1 x 8.80-oz. bungkusan mee, nipis
- 2 x 14 & 1/2-oz. tin sup ayam, natrium rendah
- 1/4 cawan gula perang, dibungkus
- 3/4 sudu teh garam bawang putih
- 2 sudu besar kicap atau sos ikan
- 3 cawan carik ayam rotisserie
- 1 & 1/2 cawan carik kobis
- 1 & 1/2 cawan hirisan lobak merah
- 3/4 cawan taugeh
- Daun ketumbar, segar
- Basil, segar

**Arah:**

a) Dalam periuk besar, masak santan hingga mendidih. Biarkan tidak bertudung. Masak sehingga cecair telah berkurangan kepada tiga cawan, 10 hingga 12 minit. Masukkan dan kacau dalam pes kari sehingga ia larut sepenuhnya.

b) Sediakan mi menggunakan arahan pada bungkusan.

c) Masukkan air rebusan, sos ikan, garam bawang putih dan gula perang ke dalam adunan kari dan kembali mendidih. Kemudian kecilkan api. Biarkan tidak bertutup dan kacau sekali-sekala semasa mendidih, selama 10-12 minit. Kacau ayam dan panaskan sepenuhnya.

d) Toskan mi dan bahagikan kepada enam mangkuk individu. Sendukkan sup di atas mi dan atasnya dengan sayur-sayuran, ketumbar dan selasih. Hidangkan.

## 37. Kari Nanas

Membuat 6 Hidangan

**bahan-bahan:**

- 2 x 8-oz. tin nanas ketul yang tidak berdrainas dan tidak bergula
- 6 bahagian dada ayam yang dibuang kulit, masuk tulang
- 1 x 15-oz. tin kacang cincang yang telah dibilas, toskan atau kacang garbanzo
- 1 x 1"-bawang besar dihiris
- 1 cawan lobak merah, julienned
- 1 potong jalur, sederhana, lada manis, merah
- 1/2 cawan santan, ringan
- 2 Sudu besar tepung jagung
- 2 sudu besar gula, ditumbuk
- 2 ulas bawang putih dikisar
- 2 sudu teh akar halia cincang, segar

- 3 sudu kecil serbuk kari
- 1 sudu teh garam, halal
- 1 sudu teh lada, hitam
- 1 sudu teh jus limau nipis, segar adalah yang terbaik
- 1/2 sudu teh kepingan lada yang dihancurkan, merah
- Untuk hidangan: masak, nasi panas
- 1/3 cawan basil cincang, segar
- Pilihan: kelapa bakar, dicincang, manis

**Arah:**

a) Toskan nanas. Simpan 3/4 cawan jusnya. Letakkan ayam, kacang ayam, sayuran & nanas dalam periuk perlahan yang besar.

b) Dalam mangkuk bersaiz kecil, satukan santan dengan tepung jagung sehingga anda mempunyai tekstur yang licin. Masukkan gula, bawang putih, serbuk kari, halia, garam halal, lada hitam, serpihan lada merah, jus limau nipis & jus nanas simpanan. Tuang adunan ke atas ayam.

c) Tutup periuk perlahan. Masak pada suhu rendah selama 6 hingga 8 jam, sehingga ayam menjadi empuk. Hidangkan bersama atau di atas nasi. Taburkan dengan selasih, kemudian kelapa, jika anda mahu.

## 38. Kari Gaya India

Membuat 6 Hidangan

**bahan-bahan:**

- 2 paun bahagian dada ayam, tanpa tulang, tanpa kulit
- 2 sudu teh garam, halal
- 1/2 cawan minyak, sayuran
- 1 & 1/2 cawan bawang besar, dicincang
- 1 Sudu besar bawang putih, dikisar
- 1 Sudu besar serbuk kari
- 1 & 1/2 sudu teh akar halia cincang, segar
- 1 sudu teh jintan, dikisar
- 1 sudu teh kunyit, dikisar
- 1 sudu teh ketumbar, dikisar
- 1 sudu teh lada, cayenne
- 1 Sudu besar air, ditapis
- 1 x 15-oz. tin tomato, dihancurkan
- 1 cawan yogurt, kosong

- 1 sudu besar ketumbar cincang, segar
- 1 sudu teh garam, halal
- 1/2 cawan air, ditapis
- 1 sudu teh campuran rempah garam masala
- 1 sudu besar ketumbar cincang, segar
- 1 sudu besar jus lemon, segar

**Arah:**

a) Taburkan ayam dengan 2 sudu teh garam.

b) Panaskan minyak dalam kuali bersaiz besar di atas api. Masak ayam separa dalam kelompok dalam minyak yang dipanaskan sehingga perang sepenuhnya.

c) Pindahkan ayam perang ke dalam pinggan. Ketepikan.

d) Kecilkan api di bawah kuali kepada sederhana tinggi . Masukkan bawang putih, halia dan bawang besar ke dalam minyak yang ditinggalkan dalam kuali.

Masak selama 8-10 minit, sehingga bawang menjadi lut sinar. Kacau 1 Sudu besar air ditambah jintan manis, serbuk kari, cayenne, ketumbar dan kunyit ke dalam adunan bawang. Kacau semasa ia panas selama seminit atau lebih.

e) Campurkan 1 sudu besar ketumbar cincang dengan 1 sudu teh garam, tomato dan yogurt ke dalam campuran bawang. Kembalikan dada ayam ke dalam kuali, dengan sebarang jus pinggan.

f) Masukkan 1/2 cawan air ke dalam adunan dan masak sehingga mendidih sambil memutar ayam, salut dengan sos. Taburkan 1 sudu besar ketumbar dan garam masala ke atas ayam.

g) Tutup kuali. Reneh selama 20 hingga 25 minit, sehingga ayam tidak berwarna merah jambu lagi, dan jusnya jernih. Suhu dalaman hendaklah 165F atau lebih tinggi. Taburkan menggunakan jus lemon dan hidangkan.

## 39. Kari Turki Pedas

Membuat 4 Hidangan

**bahan-bahan:**

- 1/2 cawan lobak merah, dihiris
- 1 cawan saderi, dihiris
- 1 cawan susu, tanpa lemak
- 2 Sudu besar tepung jagung
- 3/4 cawan air rebusan ayam, rendah natrium
- 2 cawan ayam masak, potong dadu atau ayam belanda
- 2 sudu besar bawang kering, dikisar
- 1/2 sudu teh serbuk bawang putih
- 1/4 sudu kecil serbuk kari
- Pilihan: nasi panas, masak

**Arah:**

a) Sapukan kuali dengan sedikit menggunakan semburan tidak melekat. Tumis lobak merah dan saderi sehingga empuk.

b) Campurkan 1/4 cawan susu & tepung jagung dalam mangkuk sederhana. Masukkan baki susu dan kuahnya. Gaul sehingga anda mempunyai tekstur yang licin.

c) Tuangkan adunan ke atas sayur-sayuran. Didihkan dan kacau sambil masak sehingga pekat, 2-3 minit. Masukkan ayam belanda atau ayam, bawang putih dan serbuk kari dan bawang besar. Kacau sekali-sekala sambil dipanaskan sepenuhnya.

d) Hidangkan bersama nasi jika suka.

## 40. Kari itik dengan nanas

Membuat 4-6 Hidangan

**bahan-bahan:**

- 15 tangkai cili merah panjang
- 1 sudu besar lada putih
- 2 sudu kecil biji ketumbar
- 1 sudu kecil biji jintan manis
- 2 sudu kecil pes udang
- 5 biji bawang merah Asia, dicincang
- 10 ulas bawang putih, cincang
- 2 batang serai bahagian putih sahaja dihiris halus
- 1 sudu besar lengkuas dicincang
- 2 sudu besar akar ketumbar dihiris
- 1 sudu kecil perahan limau purut parut halus
- 1 sudu besar minyak kacang tanah

- 8 biji bawang besar (bawang besar), dihiris pada pepenjuru menjadi 3 cm ($1\frac{1}{4}$ in) panjang
- 2 ulas bawang putih, ditumbuk
- 1 ekor itik panggang Cina, dipotong menjadi kepingan besar
- 400 ml (14 oz) santan
- 450 g (1 lb) kepingan nanas tin dalam sirap, toskan
- 3 helai daun limau purut
- 3 sudu besar daun ketumbar dihiris
- 2 sudu besar pudina cincang

Arah:

a) Rendam cili dalam air mendidih selama 5 minit, atau sehingga lembut. Keluarkan batang dan biji, kemudian potong.

b) Tumis jagung lada, biji ketumbar, biji jintan manis dan pes udang yang dibalut dengan kerajang dalam kuali dengan api sederhana tinggi selama 2-3 minit, atau sehingga naik bau. Biarkan sejuk.

c) Hancurkan atau kisar biji lada, ketumbar dan jintan manis hingga menjadi serbuk.

d) Masukkan cili cincang, pes udang dan rempah kisar dengan baki bahan pes kari ke dalam pemproses makanan, atau dalam lesung dengan alu, dan proses atau tumbuk hingga halus.

e) Panaskan kuali sehingga sangat panas, masukkan minyak dan putar hingga menyalut bahagian tepi. Masukkan bawang merah, bawang putih dan 2-4 sudu besar pes kari merah, dan tumis selama 1 minit, atau sehingga naik bau.

f) Masukkan kepingan itik panggang, santan, kepingan nanas toskan, daun limau purut, dan separuh ketumbar dan pudina. Didihkan, kemudian kecilkan api dan reneh selama 10 minit, atau sehingga itik dipanaskan dan sos telah sedikit pekat.

g) Masukkan baki ketumbar dan pudina, dan hidangkan.

## 41. Koftas ayam yang kaya

Membuat 4 Hidangan

**bahan-bahan:**

- 2 sudu besar minyak
- 1 biji bawang, dicincang halus
- 1 ulas bawang putih, ditumbuk
- 1 sudu teh halia dicincang halus
- 1 sudu teh jintan kisar
- 1 sudu teh garam masala
- ½ sudu teh kunyit kisar
- 650 g (1 lb 7 oz) fillet paha ayam, dipotong
- 2 sudu besar daun ketumbar dihiris
- 1 sudu besar minyak sapi atau minyak
- 1 biji bawang, cincang kasar
- 2 ulas bawang putih, ditumbuk
- 2 sudu teh garam masala
- ½ sudu teh kunyit kisar

- 170 ml (5½ oz/2/3 cawan) santan

- 90 g (3¼ oz/1/3 cawan) yogurt biasa

- 125 ml (4 oz/½ cawan) krim pekat (sebat).

- 35 g (1¼ oz/1/3 cawan) badam kisar

- 2 sudu besar daun ketumbar dihiris

**Arah:**

a) Untuk membuat koftas, panaskan separuh minyak dalam kuali. Masukkan bawang, bawang putih, halia, jintan halus, garam masala dan kunyit yang dikisar, dan masak, kacau, selama 4-6 minit, atau sehingga bawang lembut dan rempah wangi. Biarkan sejuk.

b) Masukkan fillet ayam secara berkelompok dalam pemproses makanan dan proses sehingga dicincang.

c) Masukkan ayam, bancuhan bawang, ketumbar dan ½ sudu teh garam ke dalam mangkuk, dan gaul sebati. Menggunakan tangan yang dibasahi, ukur 1 sudu besar adunan dan bentukkan menjadi bebola.

d) Ulangi dengan adunan yang tinggal. Panaskan baki minyak dalam kuali berasaskan berat, masukkan koftas secara berkelompok dan masak selama 4-5 minit, atau sehingga semuanya berwarna perang. Keluarkan dari kuali dan tutup. Masukkan bawang dalam pemproses makanan dan proses sehingga halus.

e) Panaskan minyak sapi atau minyak dalam kuali. Masukkan bawang merah dan bawang putih, dan masak, kacau, selama 5 minit, sehingga adunan mula pekat.

f) Masukkan garam masala dan kunyit, dan masak selama 2 minit. Masukkan santan, yogurt, krim dan badam kisar.

g) Biarkan hampir mendidih, kemudian kecilkan api ke sederhana dan masukkan koftas. Masak, kacau sekali-sekala, selama 15 minit, atau sehingga koftas masak. Masukkan ketumbar dan hidangkan.

## 42. Ayam mentega

Membuat 4 Hidangan

**bahan-bahan:**

- 2 sudu besar minyak kacang tanah
- 1 kg (2 lb 4 oz), fillet paha ayam dibelah empat
- 100 g (3½ oz) mentega atau minyak sapi
- 3 sudu teh garam masala
- 2 sudu teh paprika manis
- 1 sudu besar ketumbar kisar
- 1 sudu besar halia dicincang halus
- 3 sudu teh jintan kisar
- 2 ulas bawang putih, ditumbuk
- 1 sudu kecil serbuk cili
- 1 batang kayu manis
- 5 biji buah pelaga, lebam
- 2½ sudu besar pes tomato (puri pekat)
- 1 sudu besar gula

- 90 g (3¼ oz/1/3 cawan) yogurt biasa
- 185 ml (6 oz/¾ cawan) krim (sebat)
- 1 sudu besar jus lemon

Arah:

a) Panaskan kuali atau kuali sehingga sangat panas, masukkan 1 sudu besar minyak dan putar hingga menyalut. Masukkan separuh isi peha ayam dan tumis selama 4 minit, atau sehingga keperangan.

b) Keluarkan dari kuali. Tambah minyak tambahan, seperti yang diperlukan, dan masak ayam yang tinggal, kemudian keluarkan.

c) Kecilkan api, masukkan mentega ke dalam kuali atau kuali dan cair. Masukkan garam masala, paprika manis, ketumbar, halia, jintan manis, bawang putih, serbuk cili, batang kayu manis dan buah pelaga, dan tumis selama 1 minit, atau sehingga wangi. Kembalikan ayam ke dalam kuali dan campurkan rempah supaya ia bersalut dengan baik.

d) Masukkan pes tomato dan gula, dan reneh, kacau, selama 15 minit, atau sehingga ayam empuk dan sos telah pekat.

e) Masukkan yogurt, krim dan jus lemon dan reneh selama 5 minit, atau sehingga sos pekat sedikit.

## 43. Kari ayam & terung epal

Membuat 4 Hidangan

**bahan-bahan:**

- 1 sudu kecil lada putih
- 2 sudu besar udang kering
- 1 sudu kecil pes udang
- 2 sudu besar akar ketumbar dihiris
- 3 batang serai bahagian putih sahaja dihiris nipis
- 3 ulas bawang putih
- 1 sudu besar halia dicincang halus
- 1 biji cili merah, dihiris
- 4 helai daun limau purut
- 3 sudu besar sos ikan
- 3 sudu besar jus limau nipis
- 1 sudu teh kunyit kisar
- 500 g (1 lb 2 oz) fillet paha ayam
- 250 g (9 oz) terung epal Thai (terung)

- 400 ml (14 oz) krim kelapa (jangan goncang loyang)
- 2 sudu besar gula aren dicukur (jaggery)
- 1 capsicum merah (lada), dihiris
- 230 g (8½ oz) buah berangan air tin, dihiris, toskan
- 1 sudu besar daun ketumbar dihiris
- 1 sudu besar kemangi Thai cincang

**Arah:**

a) Goreng jagung lada, udang kering dan pes udang yang dibalut dengan kerajang dalam kuali dengan api sederhana tinggi selama 2-3 minit, atau sehingga naik bau.

b) Biarkan sejuk. Menggunakan lesung dengan alu, atau pengisar rempah, hancurkan atau kisar biji lada menjadi serbuk. Proseskan udang kering dalam pemproses makanan sehingga ia menjadi dicincang sangat halus — membentuk 'floss'.

c) Masukkan biji lada yang telah dihancurkan, udang kering yang dicincang dan pes udang dengan baki bahan pes kari ke dalam pemproses makanan, atau dalam lesung dengan alu, dan proses atau tumbuk hingga halus.

d) Potong fillet paha ayam menjadi kiub 2.5 cm (1 inci). Potong terung menjadi kepingan yang sama saiz.

e) Masukkan krim kelapa pekat dari bahagian atas loyang ke dalam periuk, biarkan mendidih dengan cepat dengan api sederhana, kacau sekali-sekala, dan masak selama 5-10 minit, atau sehingga adunan 'terbelah' (minyak mula pecah).

f) Masukkan pes kari dan kacau selama 5-6 minit, atau sehingga naik bau. Masukkan gula aren dan kacau sehingga larut.

g) Masukkan ayam, terung, capsicum, separuh baki krim kelapa dan buah berangan air. Didihkan, tutup dan kecilkan hingga mendidih dan masak selama 15 minit, atau sehingga ayam masak dan terung lembut.

h) Masukkan baki krim kelapa, ketumbar dan selasih.

## 44. Kari ayam Burma

Membuat 6 Hidangan

**bahan-bahan:**

- 1 sudu besar serbuk kari India berempah sederhana
- 1 sudu teh garam masala
- 1 sudu kecil lada cayenne
- 2 sudu teh paprika manis
- 1.6 kg (3 lb 8 oz) keseluruhan ayam dipotong kepada 8 keping atau 1.6 kg (3 lb 8 oz) ketulan ayam campur
- 2 bawang, dicincang
- 3 ulas bawang putih, ditumbuk
- 2 sudu teh halia parut
- 2 biji tomato, dicincang
- 2 sudu kecil pes tomato
- 1 batang serai, bahagian putih sahaja, dihiris nipis
- 3 sudu besar minyak

- 500 ml (17 oz/2 cawan) stok ayam
- 1 sudu teh gula
- 1 sudu besar sos ikan

**Arah:**

a) Campurkan serbuk kari, garam masala, lada cayenne dan paprika dalam mangkuk.

b) Sapu adunan rempah ini ke seluruh kepingan ayam dan ketepikan.

c) Masukkan bawang, bawang putih, halia, tomato, pes tomato dan serai dalam pemproses makanan, atau dalam lesung dengan alu, dan proses atau tumbuk hingga menjadi pes yang halus.

d) Dalam kuali besar berasaskan berat (yang sesuai dengan kepingan ayam dalam satu lapisan), panaskan minyak dengan api sederhana, masukkan ayam dan perang seluruhnya, kemudian keluarkan dari kuali.

e) Dalam kuali yang sama, tambah pes bawang dan masak dengan api perlahan selama 5-8 minit kacau sentiasa. Masukkan kembali ayam ke dalam kuali, dan putar hingga salut dalam pes.

f) Masukkan pati ayam dan gula dan biarkan mendidih. Kecilkan api, tutup dan masak selama $1\frac{1}{4}$ jam, atau sehingga ayam sangat empuk. Semasa memasak, skim minyak yang timbul di permukaan dan buang.

g) Masukkan sos ikan dan hidangkan.

## 45. kari ayam malaysia

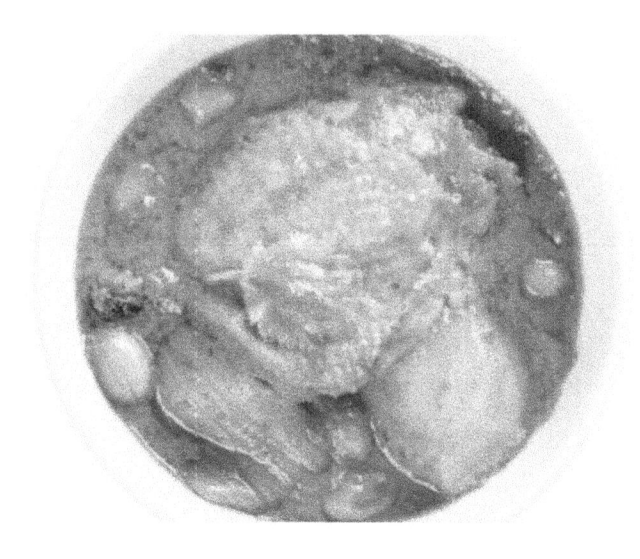

Membuat 4 Hidangan

**bahan-bahan:**

- 3 sudu kecil udang kering
- 80 ml (2½ oz/1/3 cawan) minyak
- 6-8 tangkai cili merah, dibuang biji, dihiris halus
- 4 ulas bawang putih, ditumbuk
- 3 batang serai bahagian putih sahaja dihiris halus
- 2 sudu teh kunyit kisar
- 10 biji kemiri
- 2 biji bawang besar, dihiris
- 250 ml (9 oz/1 cawan) santan
- 1.5 kg (3 lb 5 oz) ayam keseluruhan, potong kepada 8 bahagian
- 125 ml (4 oz/½ cawan) krim kelapa
- 2 sudu besar jus limau nipis

**Arah:**

a) Masukkan udang ke dalam kuali dan goreng dengan api perlahan, goncang kuali dengan kerap, selama 3 minit, atau sehingga udang berwarna jingga gelap dan mengeluarkan aroma yang kuat. Biarkan sejuk.

b) Masukkan udang, separuh minyak, cili, bawang putih, serai, kunyit dan kemiri dalam pemproses makanan, atau dalam lesung dengan alu, dan proses atau tumbuk hingga halus.

c) Panaskan baki minyak dalam kuali atau kuali, masukkan bawang dan ¼ sudu teh garam, dan masak, kacau selalu, dengan api sederhana selama 8 minit, atau sehingga kekuningan.

d) Masukkan pes rempah dan kacau selama 5 minit. Jika adunan mula melekat pada bahagian bawah kuali, masukkan 2 sudu besar santan. Adalah penting untuk memasak campuran dengan teliti kerana ini menghasilkan rasa.

e) Masukkan ayam ke dalam kuali atau kuali dan masak, kacau, selama 5 minit, atau sehingga ia mula perang.

f) Masukkan baki santan dan 250 ml (9 oz/1 cawan) air, dan biarkan mendidih. Kecilkan api dan reneh selama 50 minit, atau sehingga ayam masak dan sosnya agak pekat.

g) Masukkan krim kelapa dan biarkan adunan kembali mendidih, kacau sentiasa. Masukkan jus limau nipis dan hidangkan segera.

## 46. kari ayam malaysia

Membuat 4 Hidangan

**bahan-bahan:**

- 1 sudu kecil pes udang
- 2 biji bawang merah, dihiris
- 4 biji cili merah, buang biji
- 4 ulas bawang putih, ditumbuk
- 2 batang serai bahagian putih sahaja dihiris
- 3 cm ($1\frac{1}{4}$ inci) kiub lengkuas, dihiris
- 8 helai daun limau purut, dihiris kasar
- 1 sudu teh kunyit kisar
- 2 sudu besar minyak
- 750 g (1 lb 10 oz) fillet paha ayam, dipotong menjadi kepingan bersaiz gigitan
- 400 ml (14 oz) santan
- $3\frac{1}{2}$ sudu besar asam jawa
- 1 sudu besar sos ikan

- 3 helai daun limau purut, dihiris

**Arah:**

a) Gorengkan pes udang yang dibalut dengan kerajang dalam kuali dengan api sederhana besar selama 2-3 minit atau sehingga naik bau. Biarkan sejuk.

b) Masukkan pes udang dengan baki bahan pes kari ke dalam pemproses makanan, atau dalam lesung dengan alu, dan proses atau tumbuk hingga halus.

c) Panaskan kuali atau periuk besar di atas api besar, masukkan minyak dan putar hingga menyalut bahagian tepi. Masukkan pes kari dan masak, kacau sekali-sekala, dengan api perlahan selama 8-10 minit, atau sehingga naik bau. Masukkan ayam dan tumis dengan pes selama 2-3 minit.

d) Masukkan santan, asam jawa dan sos ikan ke dalam kuali, dan renehkan, kacau sekali-sekala, selama 15-20 minit, atau sehingga ayam empuk.

e) Hiaskan dengan daun limau purut yang dihiris dan hidangkan.

## 47. Kari itik dan kelapa

Membuat 6 Hidangan

**bahan-bahan:**

- 1½ sudu kecil biji ketumbar
- 1 sudu kecil biji buah pelaga
- 1 sudu kecil biji fenugreek
- 1 sudu kecil biji sawi coklat
- 10 biji lada hitam
- 1 biji bawang merah, dihiris
- 2 ulas bawang putih, ditumbuk
- 4 biji cili merah, buang biji, potong
- 2 akar ketumbar, dihiris
- 2 sudu teh halia parut
- 2 sudu teh garam masala
- 1 sudu teh kunyit kisar
- 2 sudu kecil asam jawa
- 6 isi dada itik

- 1 biji bawang merah, dihiris
- 125 ml (4 oz/½ cawan) cuka putih
- 500 ml (17 oz/2 cawan) santan
- 1 genggam kecil daun ketumbar

Arah:

a) Tumis ketumbar, buah pelaga, halba dan biji sawi dalam kuali dengan api sederhana tinggi selama 2-3 minit, atau sehingga naik bau. Biarkan sejuk.

b) Menggunakan lesung dengan alu, atau pengisar rempah, hancurkan atau kisar rempah dengan biji lada hitam hingga menjadi serbuk.

c) Masukkan rempah kisar dengan baki bahan pes kari ke dalam pemproses makanan, atau dalam lesung dengan alu, dan buat pes halus.

d) Potong mana-mana lemak berlebihan daripada isi itik, kemudian letakkan, sisi kulit ke bawah, dalam periuk besar dan masak dengan api sederhana selama 10 minit, atau sehingga kulit menjadi perang dan lemak yang tinggal telah cair.

e) Balikkan fillet dan masak selama 5 minit, atau sehingga lembut. Keluarkan dan toskan pada tuala kertas.

f) Simpan 1 sudu besar lemak itik, buang baki lemak. Masukkan bawang dan masak selama 5 minit, kemudian masukkan pes kari dan kacau dengan api perlahan selama 10 minit, atau sehingga naik bau.

g) Kembalikan itik ke dalam kuali dan kacau hingga salut dengan pes. Masukkan cuka, santan, 1 sudu teh garam dan 125 ml (4 oz/$\frac{1}{2}$ cawan) air. Reneh, bertutup, selama 45 minit, atau sehingga fillet lembut.

h) Masukkan daun ketumbar sejurus sebelum dihidangkan.

## 48. Ayam berempah & badam

Membuat 6 Hidangan

**bahan-bahan:**

- 3 sudu besar minyak
- 30 g (1 oz/¼ cawan) badam dihiris
- 2 biji bawang merah, dihiris halus
- 4-6 ulas bawang putih, ditumbuk
- 1 sudu besar halia parut
- 4 biji buah pelaga, lebam
- 4 biji cengkih
- 1 sudu teh jintan kisar
- 1 sudu teh ketumbar kisar
- 1 sudu teh kunyit kisar
- ½ sudu teh serbuk cili
- 1 kg (2 lb 4 oz) fillet paha ayam, dipotong
- 2 tomato besar, dikupas, dicincang
- 1 batang kayu manis

- 100 g (3½ oz/1 cawan) badam kisar

**Arah:**

a) Panaskan 1 sudu besar minyak dalam periuk besar. Masukkan badam dan masak dengan api perlahan selama 15 saat, atau sehingga perang sedikit keemasan. Keluarkan dan toskan pada tuala kertas yang renyuk.

b) Panaskan baki minyak, masukkan bawang, dan masak, kacau, selama 8 minit, atau sehingga perang keemasan. Masukkan bawang putih dan halia dan masak, kacau, selama 2 minit, kemudian kacau dalam rempah. Kecilkan api dan masak selama 2 minit, atau sehingga naik bau.

c) Masukkan ayam dan masak, kacau sentiasa, selama 5 minit, atau sehingga bersalut dengan rempah dan mula berwarna.

d) Masukkan tomato, batang kayu manis, badam kisar dan 250 ml (9 oz/1 cawan) air panas. Reneh, tutup, dengan api perlahan selama 1 jam, atau sehingga ayam masak dan empuk. Kacau selalu dan tambah sedikit lagi air, jika perlu.

e) Biarkan kuali berdiri, tertutup, selama 30 minit untuk rasa berkembang, kemudian keluarkan batang kayu manis. Taburkan badam yang telah dihiris di atasnya dan hidangkan.

## 49. Ayam dalam santan

Membuat 6 Hidangan

**bahan-bahan:**

- 2 sudu kecil biji ketumbar
- ½ sudu teh biji jintan manis
- 2 sudu kecil lada putih
- 1 sudu teh pes udang 30 g (1 oz) udang kering
- 2 batang serai bahagian putih sahaja dihiris
- 2 biji bawang merah, dihiris
- 3 ulas bawang putih, ditumbuk
- 1 sudu besar halia parut
- 2½ sudu besar lengkuas parut
- ¼ sudu teh pala tanah
- ¼ sudu teh bunga cengkih kisar
- 560 ml (19¼ oz/2¼ cawan) krim kelapa

- 1.5 kg (3 lb 5 oz) ayam, potong kepada 8–10 keping
- 800 ml (28 oz/3¼ cawan) santan
- 2 sudu besar asam jawa
- 1 sudu besar cuka putih
- 1 batang kayu manis

**Arah:**

a) Tumiskan biji ketumbar, biji jintan putih, lada putih dan pes udang yang dibalut dengan kerajang dalam kuali dengan api sederhana tinggi selama 2–3 minit, atau sehingga naik bau. Biarkan sejuk.

b) Menggunakan lesung dengan alu, atau pengisar rempah, hancurkan atau kisar ketumbar, jintan manis dan biji lada hingga menjadi serbuk. Proseskan udang dalam pemproses makanan sehingga ia menjadi dicincang sangat halus.

c) Masukkan rempah hancur dan udang dengan bahan pes kari yang tinggal dalam pemproses makanan, atau dalam lesung dengan alu, dan proses atau tumbuk hingga menjadi pes yang halus.

d) Panaskan periuk besar atau kuali di atas api sederhana, masukkan krim kelapa dan pes kari, dan masak, kacau, selama 20 minit, atau sehingga pekat dan berminyak.

e) Masukkan ayam dan bahan-bahan yang tinggal dan reneh perlahan-lahan selama 50 minit, atau sehingga ayam empuk. Perasakan secukup rasa dan hidangkan segera.

## 50. Kari hicken C hijau

Membuat 4-6 Hidangan

**bahan-bahan:**

- 1 sudu kecil lada putih
- 2 sudu besar biji ketumbar
- 1 sudu kecil biji jintan manis
- 2 sudu kecil pes udang
- 1 sudu teh garam laut
- 4 batang serai bahagian putih sahaja dihiris halus
- 2 sudu teh lengkuas dicincang
- 1 helai daun limau purut, dihiris halus
- 1 sudu besar akar ketumbar dihiris
- 5 biji bawang merah Asia, dicincang
- 10 ulas bawang putih, ditumbuk
- 16 tangkai cili hijau panjang, buang biji, potong
- 500 ml (17 oz/2 cawan) krim kelapa

- 2 sudu besar gula aren dicukur (jaggery)
- 2 sudu besar sos ikan
- 4 helai daun limau purut, dihiris halus
- 1 kg (2 lb 4 oz) paha ayam atau fillet dada, dipotong menjadi jalur tebal
- 200 g (7 oz) pucuk buluh, dipotong menjadi jalur tebal
- 100 g (3½ oz) kacang ular (sepanjang ela), dipotong menjadi 5 cm (2 in) panjang
- 1 genggam selasih Thai

**Arah:**

a) Tumis jagung lada, biji ketumbar, biji jintan manis dan pes udang yang dibalut dengan kerajang dalam kuali dengan api sederhana tinggi selama 2–3 minit, atau sehingga naik bau.

b) Biarkan sejuk. Menggunakan lesung dengan alu, atau pengisar rempah, hancurkan atau kisar biji lada, ketumbar dan jintan manis hingga menjadi serbuk.

c) Masukkan pes udang dan rempah kisar dengan baki bahan pes kari ke dalam pemproses makanan, atau dalam lesung dengan alu, dan proses atau tumbuk hingga halus.

d) Masukkan krim kelapa pekat dari bahagian atas tin ke dalam periuk, biarkan mendidih dengan cepat dengan api sederhana, kacau sekali-sekala, dan masak selama 5–10 minit, atau sehingga adunan 'terbelah' (minyak mula pecah).

e) Masukkan 4 sudu besar pes kari hijau, kemudian reneh selama 15 minit, atau sehingga naik bau. Masukkan gula aren, sos ikan dan daun limau purut ke dalam kuali.

f) Masukkan baki krim kelapa dan ayam, rebung dan kacang, dan reneh selama 15 minit, atau sehingga ayam empuk. Masukkan basil Thai dan hidangkan.

## 51. Kari ayam & tomato

Membuat 8-10 Hidangan

**bahan-bahan:**

- 1 sudu besar minyak
- 2 x 1.5 kg (3 lb 5 oz) ayam, bercantum
- 1 biji bawang, dihiris
- 1 sudu kecil bunga cengkih kisar
- 1 sudu teh kunyit kisar
- 2 sudu teh garam masala
- 3 sudu kecil serbuk cili
- 3 biji buah pelaga
- 3 ulas bawang putih, ditumbuk
- 1 sudu besar halia parut
- 1 sudu besar biji popia
- 2 sudu teh biji adas
- 250 ml (9 oz/1 cawan) santan
- 1 bunga lawang

- 1 batang kayu manis
- 4 biji tomato besar, cincang kasar
- 2 sudu besar jus limau nipis

**Arah:**

a) Panaskan minyak dalam kuali besar di atas api sederhana, masukkan ayam dalam kelompok dan masak selama 5-10 minit, atau sehingga perang, kemudian pindahkan ke periuk besar.

b) Masukkan bawang ke dalam kuali dan masak, kacau, selama 10-12 minit, atau sehingga kekuningan. Masukkan cengkih kisar, kunyit, garam masala dan serbuk cili, dan masak, kacau, selama 1 minit, kemudian masukkan ke dalam ayam.

c) Hancurkan sedikit buah pelaga dengan bahagian rata pisau berat. Keluarkan biji, buang buahnya.

d) Masukkan biji dan bawang putih, halia, biji popi, biji adas dan 2 sudu besar santan ke dalam pemproses makanan, atau dalam lesung dengan alu, dan proses atau tumbuk hingga menjadi pes yang halus.

e) Masukkan adunan rempah, baki santan, bunga lawang, kayu manis, tomato dan 3 sudu besar air ke dalam ayam.

f) Reneh, tutup, selama 45 minit, atau sehingga ayam empuk. Keluarkan ayam, tutup dan panaskan. Didihkan cecair masak dan rebus selama 20–25 minit, atau sehingga berkurangan separuh.

g) Letakkan ayam di atas pinggan hidangan, campurkan jus limau nipis dengan cecair masak dan tuangkan ke atas ayam.

## 52. Masala ayam

Membuat 4 Hidangan

**bahan-bahan:**

- 1.5 kg (3 lb 5 oz) fillet paha ayam atau kepingan ayam, tanpa kulit
- 2 sudu teh jintan kisar
- 2 sudu teh ketumbar kisar
- 1½ sudu teh garam masala
- 1 sudu teh kunyit kisar
- 2 biji bawang, dicincang halus
- 4 ulas bawang putih, cincang kasar
- 5 cm (2 inci) keping halia, dicincang kasar
- 2 biji tomato masak, dicincang
- 3 sudu besar minyak sapi atau minyak
- 5 ulas
- 8 biji buah pelaga, lebam
- 1 batang kayu manis
- 10 helai daun kari

- 160 g (5¾ oz/2/3 cawan) yogurt gaya Greek

**Arah:**

a) Potong lebihan lemak dari ayam. Campurkan jintan putih, ketumbar, garam masala dan kunyit bersama-sama dan sapu ke dalam ayam.

b) Masukkan separuh bawang besar bersama bawang putih, halia dan tomato cincang dalam pemproses makanan, atau dalam mortar dengan alu, dan proses atau tumbuk hingga menjadi pes yang halus.

c) Panaskan minyak sapi atau minyak dalam periuk kaserol dengan api perlahan, masukkan baki bawang besar, bunga cengkih, buah pelaga, kayu manis dan daun kari dan goreng sehingga bawang berwarna perang keemasan.

d) Masukkan pes tomato dan bawang dan kacau selama 5 minit. Perasakan dengan garam, secukup rasa.

e) Masukkan yogurt dan pukul hingga rata, kemudian masukkan ayam berempah. Toskan kepingan dan biarkan mendidih perlahan-lahan.

f) Kecilkan api, tutup dan reneh selama 50 minit atau sehingga pecah minyak dari sos. Kacau bahan-bahan sekali-sekala untuk mengelakkan ayam melekat.

## 53. Kari itik BBQ dengan laici

Membuat 4 Hidangan

**bahan-bahan:**

- 1 sudu kecil lada putih
- 1 sudu kecil pes udang
- 3 biji cili merah panjang, buang biji
- 1 biji bawang merah, dihiris kasar
- 2 ulas bawang putih
- 2 batang serai, bahagian putih sahaja, dihiris nipis
- 5 cm (2 in) keping halia
- 3 akar ketumbar
- 5 helai daun limau purut
- 2 sudu besar minyak
- 2 sudu teh ketumbar kisar
- 1 sudu teh jintan kisar
- 1 sudu kecil paprika
- 1 sudu teh kunyit kisar

- 1 ekor itik barbeku Cina
- 400 ml (14 oz) krim kelapa
- 1 sudu besar gula aren dicukur (jaggery)
- 2 sudu besar sos ikan
- 1 hirisan lengkuas tebal
- 240 g (8½ oz) cendawan jerami tin, toskan
- 400 g (14 oz) laici tin, dibelah dua
- 250 g (9 oz) tomato ceri
- 1 genggam selasih Thai, dicincang
- 1 genggam daun ketumbar

Arah:

a) Goreng jagung lada dan pes udang yang dibalut dengan kerajang dalam kuali dengan api sederhana tinggi selama 2-3 minit, atau sehingga naik bau. Biarkan sejuk.

b) Menggunakan lesung dengan alu, atau pengisar rempah, hancurkan atau kisar biji lada menjadi serbuk.

c) Masukkan biji lada dan udang yang telah dihancurkan dengan baki bahan pes kari ke dalam pemproses makanan, atau dalam lesung dengan alu, dan proses atau tumbuk hingga menjadi pes yang halus.

d) Keluarkan daging itik dari tulang dan potong seukuran gigitan. Masukkan krim kelapa pekat dari bahagian atas loyang ke dalam periuk, biarkan mendidih dengan cepat dengan api sederhana, kacau sekali-sekala, dan masak selama 5-10 minit, atau sehingga adunan 'terbelah' (minyak mula pecah).

e) Masukkan separuh karipap, gula aren dan sos ikan dan kacau sehingga gula aren larut.

f) Masukkan itik, lengkuas, cendawan straw, laici, sirap laici yang dikhaskan dan baki krim kelapa. Didihkan kemudian kecilkan hingga mendidih dan masak selama 15-20 minit, atau sehingga itik empuk.

g) Masukkan tomato ceri, selasih dan ketumbar. Perasakan secukup rasa. Hidangkan apabila tomato ceri agak lembut.

## 54. Kari ayam, badam dan kismis

Membuat 6 Hidangan

**bahan-bahan:**

- 6 biji buah pelaga
- 6 biji cengkih
- 1 sudu kecil biji jintan manis
- 1 sudu kecil lada cayenne
- 2 sudu besar minyak sapi atau minyak
- 1 kg (2 lb 4 oz) fillet paha ayam, dipotong menjadi 3 cm (1¼ in) kiub
- 1 biji bawang, dicincang halus
- 3 ulas bawang putih, ditumbuk
- 1½ sudu besar halia parut halus 2 batang kayu manis
- 2 daun salam
- 50 g (1¾ oz/1/3 cawan), badam rebus, dibakar sedikit
- 40 g (1½ auns/1/3 cawan) kismis

- 250 g (9 oz/1 cawan) yogurt biasa
- 125 ml (4 oz/½ cawan) stok ayam

**Arah:**

a) Hancurkan sedikit buah pelaga dengan bahagian rata pisau berat. Keluarkan biji, buang buahnya. Tumiskan biji benih bersama-sama cengkih, biji jintan manis dan lada cayenne dalam kuali dengan api sederhana tinggi selama 2-3 minit, atau sehingga naik bau.

b) Biarkan sejuk. Menggunakan lesung dengan alu, atau pengisar rempah, hancurkan atau kisar sehingga menjadi serbuk.

c) Dalam kuali besar berasaskan berat, panaskan minyak sapi atau minyak di atas api yang sederhana tinggi. Perangkan ayam secara berkelompok dan ketepikan.

d) Dalam kuali yang sama, masak bawang merah, bawang putih dan halia dengan api perlahan selama 5-8 minit sehingga lembut. Masukkan campuran rempah kisar, batang kayu manis dan daun bay, dan masak, kacau sentiasa, selama 5 minit.

e) Masukkan semula badam, kismis dan ayam ke dalam kuali. Masukkan yoghurt satu sudu pada satu masa, kacau untuk memasukkannya ke dalam hidangan. Tambah

f) stok ayam, kecilkan api, tutup dan masak selama 40 minit, atau sehingga ayam empuk. Semasa memasak, skim minyak yang timbul di permukaan dan buang. Perasakan dengan baik dan hidangkan.

## 55. Kari ayam Vietnam

Membuat 6 Hidangan

**bahan-bahan:**

- 4 suku kaki ayam besar
- 1 sudu besar serbuk kari India
- 1 sudu teh gula kastor (superfine).
- 80 ml (2½ oz/1/3 cawan) minyak
- 500 g (1 lb 2 oz) ubi keledek, dipotong menjadi 3 cm (1¼ in) kiub
- 1 biji bawang besar, dipotong menjadi kepingan nipis
- 4 ulas bawang putih, ditumbuk
- 1 batang serai, bahagian putih sahaja, dicincang halus
- 2 daun salam
- 1 lobak merah besar, potong 1 cm (½ inci).
- 400 ml (14 oz) santan
- Basil Thai, untuk dihidangkan

**Arah:**

a) Keluarkan kulit dan sebarang lemak berlebihan dari ayam. Keringkan dengan tuala kertas dan potong setiap suku kepada 3 bahagian genap. Masukkan serbuk kari, gula, $\frac{1}{2}$ sudu teh lada hitam dan 2 sudu teh garam ke dalam mangkuk, dan gaul rata.

b) Gosok adunan kari ke dalam kepingan ayam. Letakkan kepingan ayam di atas pinggan, tutup dengan bungkus plastik dan sejukkan semalaman.

c) Panaskan minyak dalam periuk besar. Masukkan ubi keledek dan masak dengan api sederhana selama 3 minit, atau sehingga kekuningan sedikit. Keluarkan dengan sudu berlubang.

d) Keluarkan semua kecuali 2 sudu besar minyak dari kuali. Masukkan bawang dan masak, kacau, selama 5 minit. Masukkan bawang putih, serai dan daun bay, dan masak selama 2 minit.

e) Masukkan ayam dan masak, kacau, dengan api sederhana selama 5 minit, atau sehingga bersalut dengan baik dalam campuran dan mula bertukar warna.

f) Tambah 250 ml (9 oz/1 cawan) air dan reneh, bertutup, kacau sekali-sekala, selama 20 minit.

g) Masukkan lobak merah, ubi keledek dan santan, dan renehkan, tidak bertutup, kacau sekali-sekala, selama 30 minit, atau sehingga ayam masak dan empuk. Berhati-hati untuk tidak memecahkan kiub ubi keledek.

h) Hidangkan dengan basil Thai.

# KARI LEMBU

## 56. Kari Cili Panang

Membuat 4 Hidangan

**bahan-bahan:**

- Karipap Panang, disediakan, dibotolkan, mengikut kehendak
- 2 paun daripada chuck yang dihiris nipis
- Garam kosher, seperti yang dikehendaki
- 1/2 cawan minyak, sayuran
- 4 biji cili serrano dihiris nipis, dibuang biji
- 3 helai daun limau purut dihiris halus
- 2 x 13 & 1/2-oz. tin santan, tanpa gula
- 1/2 cawan gula, ditumbuk
- 1/4 cawan sos ikan
- 1 sudu teh jintan, dikisar
- Untuk dihidangkan: nasi melati, kukus & tangkai selasih
- Pilihan: 4 biji telur besar, goreng

**Arah:**

a) Gunakan garam kosher untuk perasakan daging lembu seperti yang dikehendaki. Panaskan minyak dalam kuali besar dengan sederhana tinggi . Kacau karipap yang telah disediakan semasa memasak selama seminit, sehingga naik bau.

b) Masukkan daging lembu. Kacau sentiasa semasa memasak selama 5-8 minit, sehingga perang.

c) Masukkan santan, daun limau purut, cili, 1 & 1/2 cawan air, jintan manis, sos ikan dan gula ke dalam kuali. Biarkan mendidih dan perasakan ikut suka.

d) Tambah air jika perlu semasa memasak daging lembu dan biarkan ia terendam selama 1 & 1/2 hingga 2 jam, sehingga daging lembu menjadi empuk. Hidangkan daging lembu di atas nasi dan di atasnya dengan telur dan selasih.

## 57. Kari Daging Homestyle

Membuat 6 Hidangan

**bahan-bahan:**

**Untuk raita:**

- 2 timun, segar
- Garam kosher, seperti yang dikehendaki
- 1 ulas bawang putih
- 1/2 cawan yogurt, kosong
- 1/2 cawan yogurt, Yunani

**Untuk kari:**

- 1 sudu besar tepung, serba guna
- 1 Sudu besar tepung jagung
- 3 sudu besar minyak, sayuran
- 2 paun daripada 1" potong daging chuck
- Garam kosher & lada sulah, seperti yang dikehendaki
- 3 bawang cincang sederhana

- 1 epal dikupas dan parut
- 3 sudu besar sos mirin
- 1 Sudu besar halia yang dikupas dan dicincang
- 2 ulas bawang putih dicincang
- 3 Sudu besar serbuk kari
- 1 Sudu besar gula, ditumbuk
- 1/2 sudu teh molase, gelap
- 1 sudu besar campuran rempah garam masala
- 1 Sudu besar kicap, rendah natrium
- 4 cawan air rebusan, ayam
- 1/2 labu dikupas, dibuang biji, 1/2"-potong
- 1 kentang digosok, 1/2"-dipotong dadu, besar
- 2 lobak merah besar yang dikupas, 1/2"-potong
- Untuk dihidangkan: nasi putih kukus

**Arah:**

a) Potong timun menjadi dua bahagian memanjang. Potong mereka menjadi separuh bulan. Masukkan dalam mangkuk sederhana dengan sedikit garam.

b) Bilas dalam beberapa perubahan air paip, kemudian perah lebihan cecair. Letakkan dalam mangkuk kecil.

c) Tumbuk bawang putih dan garam (hanya secubit) pada papan pemotong menjadi pes. Campurkan dengan timun dan kedua-dua jenis yogurt.

d) Perasakan seperti yang dikehendaki.

e) Campurkan tepung dengan 2 sudu besar air dan kanji dalam mangkuk sederhana. Ketepikan.

f) Panaskan minyak dalam periuk besar pada sederhana tinggi . Perasakan daging lembu seperti yang dikehendaki. Bekerja dalam dua kelompok untuk memasak daging lembu sambil sekali-sekala berputar, selama 6 hingga 8 minit setiap kelompok, sehingga semua bahagian daging telah menjadi perang.

g) Masukkan epal dan bawang. Kacau sekali-sekala semasa memasak selama 12 hingga 15 minit, sehingga bawang menjadi lembut. Masukkan mirin, bawang putih dan halia. Kacau sekali-sekala semasa memasak selama 5-6 minit, sehingga agak wangi.

h) Masukkan garam masala, serbuk kari, sup dan kicap. Didihkan, kemudian kecilkan api. Rebus selama 30 hingga 40 minit, sehingga daging lembu hampir empuk.

i) Masukkan labu, lobak merah dan kentang. Tutup periuk. Masak selama 20 hingga 30 minit sehingga lembut, pastikan sayur-sayuran tenggelam dengan menambah air mengikut keperluan.

j) Rendam ayak dalam kari. Pukul rizab buburan ke dalam cecair dalam ayak dan satukan. Kembalikan kari hingga mendidih.

k) Kemudian kecilkan api. Reneh selama 8 hingga 10 minit, sehingga pekat. Masukkan kari ke atas nasi dan atasnya dengan raita. Hidangkan.

## 58. Daging Lembu & Kari Kelapa

Membuat 4 Hidangan

**bahan-bahan:**

- 1 & 1/2 paun. daripada 1"-cubed daging lembu
- Garam kosher
- 2 sudu besar minyak, sayuran
- 2 sudu besar mentega, tanpa garam
- 1/2 biji bawang besar dihiris nipis, putih
- 4 ulas bawang putih dicincang halus
- 1 sudu besar halia dikupas, dicincang halus
- 3 Sudu besar serbuk kari, India jika ada
- 2 daun bay, sederhana
- 2 x 13 & 1/2-oz. tin santan, tanpa gula
- 2 paun daripada 2"-potong dadu, kentang dikupas

**Arah:**

a) Perasakan daging lembu dengan garam halal. Panaskan minyak dalam periuk berat dan besar dengan sederhana tinggi . Bekerja secara berkelompok untuk memasak daging lembu sambil diputar sekali-sekala selama 8 hingga 10 minit, sehingga seluruhnya berwarna perang. Kemudian pindahkan daging lembu ke dalam pinggan.

b) Tuangkan lemak dari periuk, kecuali 1 Sudu Besar Kecilkan tahap haba ke sederhana Masukkan mentega, bawang besar, halia dan bawang putih.

c) Kacau selalu semasa memasak dan kikis sebarang serpihan coklat selama 5-6 minit, sehingga bawang menjadi lut sinar.

d) Masukkan gulai. Kacau semasa memasak selama 3-4 minit, sehingga ia mula melekat pada periuk. Masukkan dan kacau dalam 1 cawan air, daun salam dan santan. Kembalikan daging lembu ke dalam periuk besar. Perasakan seperti yang dikehendaki. Biarkan mendidih dan masak sambil ditutup sebahagiannya selama 30 hingga 35 minit, sehingga daging lembu hampir tidak empuk.

e) Masukkan kentang, kemudian masak sehingga mendidih.

f) Biarkan tidak bertutup dan kacau sekali-sekala semasa memasak selama 25 hingga 35 minit, sehingga kentang dan daging lembu menjadi agak empuk. Perasakan mengikut kehendak dan hidangkan.

## 59. Kari Daging

Membuat 8 Hidangan

**bahan-bahan:**

**Untuk bebola daging**

- Minyak, zaitun, seperti yang diperlukan
- 6 x 1"-potong daun bawang
- 2 biji jalapeños
- 6 ulas bawang putih
- 1 x 1" sekeping halia yang dikupas dan dicincang
- 1 sudu besar jus lemon, segar
- 1 sudu besar campuran rempah garam masala
- 1 sudu teh ketumbar, dikisar
- 1/2 sudu teh jintan manis, dikisar
- 1/2 sudu teh lada, cayenne
- 2 paun daripada daging lembu, dikisar
- 1 biji telur besar yang dipukul

- 3 Sudu besar yogurt, kosong
- 2 sudu teh garam, halal

**Untuk kuah kari**

- 1/4 cawan minyak, zaitun
- 4 biji bawang sederhana dicincang
- 10 ulas bawang putih ditumbuk
- 1 & 1/2"-keping halia dikupas dan dicincang
- 3 biji cili, kering
- 4 sudu teh jintan putih, dikisar
- 4 sudu kecil serbuk kari
- 4 sudu teh kunyit, dikisar
- 3 sudu besar ketumbar, dikisar
- 1 sudu kecil biji lada, hitam
- 1 x 14 & 1/2-oz. tin tomato, dihancurkan
- 1 daun bay, sederhana
- 1 sudu besar garam, kosher + extra ikut suka

- 1 sudu besar jus lemon, segar
- 1/2 sudu teh lada, cayenne
- Untuk dihidangkan: daun ketumbar & batang lembut

**Arah:**

a) Panaskan ketuhar hingga 400F. Sapu kepingan biskut berbingkai dengan sedikit minyak.

b) Haluskan jalapeños, daun bawang, halia, bawang putih, garam masala, jus lemon, jintan manis, cayenne dan ketumbar dalam pemproses makanan sehingga halus.

c) Pindahkan adunan ke dalam mangkuk bersaiz besar. Masukkan daging lembu, yogurt & telur. Perasakan seperti yang dikehendaki. Gunakan tangan anda untuk menggaul sehingga adunan likat, agak seperti sosej.

d) Canai adunan daging lembu dalam bebola sebesar bola golf. Letakkan pada helaian kuki dan biarkan satu inci di antara mereka. Siram dengan minyak tambahan. Bakar selama 20 hingga 25 minit, sehingga masak dan keperangan di bahagian atas.

e) Panaskan minyak dalam periuk besar dengan api sederhana . Masukkan bawang besar, halia dan bawang putih. Kacau selalu semasa memasak selama 8 hingga 10 minit, sehingga bawang menjadi lut sinar dan mula menjadi perang.

f) Masukkan serbuk kari, cili, kunyit, jintan manis, lada sulah dan ketumbar. Kacau selalu semasa memasak selama 2-3 minit, sehingga adunan menjadi wangi dan rempah mula melekat pada periuk.

g) Masukkan 2 cawan air, 1 sudu besar garam dan daun salam. Kembali mendidih. Kurangkan tahap haba. Reneh selama 25 hingga 30 minit, sehingga rasa sebati.

h) Biarkan sos sejuk sedikit. Pindahkan ke pemproses makanan dan kisar sehingga agak licin. Pindahkan sos kembali ke dalam periuk.

i) Masukkan cayenne dan jus lemon. Perasakan seperti yang dikehendaki.

j) Masukkan bebola daging yang dimasak perlahan-lahan ke dalam sos. Bawa hingga mendidih. Masak selama 10 hingga 15 minit, sehingga bebola daging telah masak sepenuhnya. Teratas dengan daun ketumbar dan hidangkan .

## 60. Kari sayur Massaman

Membuat 4-6 Hidangan

**bahan-bahan:**

- 1 sudu besar minyak
- 1 sudu kecil biji ketumbar
- 1 sudu kecil biji jintan manis
- 8 ulas
- 1 sudu teh biji adas
- 4 biji buah pelaga
- 6 biji bawang merah Asia, dicincang
- 3 ulas bawang putih, cincang
- 1 sudu teh serai, dicincang halus
- 1 sudu teh lengkuas, dicincang halus
- 4 biji cili merah panjang kering
- 1 sudu teh pala tanah
- 1 sudu teh lada putih kisar
- 1 sudu besar minyak
- 250 g (9 oz) bayi bawang

- 500 g (1 lb 2 oz) bayi kentang baru
- 300 g (10½ oz) lobak bayi, dipotong menjadi kepingan 3 cm (1¼ in)
- 225 g (8 oz) cendawan butang, keseluruhan
- 1 batang kayu manis
- 1 helai daun limau purut
- 1 daun salam
- 250 ml (9 oz/1 cawan) krim kelapa
- 1 sudu besar jus limau nipis
- 3 sudu teh gula aren dicukur (jaggery)
- 1 sudu besar basil Thai yang dicincang halus
- 1 sudu besar kacang tanah panggang yang ditumbuk

**Arah:**

a) Panaskan minyak dalam kuali dengan api perlahan, masukkan biji ketumbar, biji jintan manis,

b) cengkih, biji adas dan biji buah pelaga, dan masak selama 1-2 minit, atau sehingga naik bau.

c) Masukkan rempah dengan baki bahan pes kari ke dalam pemproses makanan, atau dalam lesung dengan alu, dan proses atau tumbuk hingga halus. Tambah sedikit air jika terlalu pekat.

d) Panaskan minyak dalam periuk besar, masukkan pes kari dan masak, kacau, dengan api sederhana selama 2 minit, atau sehingga wangi.

e) Masukkan sayur-sayuran, batang kayu manis, daun limau purut, daun bay dan air secukupnya (kira-kira 500 ml/17 oz/2 cawan), dan biarkan mendidih. Kecilkan api dan reneh, bertutup, kacau kerap, selama 30-35 minit, atau sehingga sayur-sayuran masak.

f) Kacau dalam krim kelapa dan masak, tanpa penutup, selama 4 minit, kacau kerap, sehingga pekat sedikit. Masukkan jus limau nipis, gula melaka dan selasih yang dicincang. Tambah sedikit air jika sos terlalu kering. Teratas dengan kacang tanah dan daun selasih.

## 61. Daging lembu Thai & kari kacang

Membuat 4-6 Hidangan

**bahan-bahan:**

- 8-10 biji cili merah panjang kering
- 6 biji bawang merah Asia, dicincang
- 6 ulas bawang putih
- 1 sudu teh ketumbar kisar
- 1 sudu besar jintan halus
- 1 sudu teh lada putih kisar
- 2 batang serai bahagian putih sahaja dihiris
- 1 sudu besar lengkuas dicincang
- 6 akar ketumbar
- 2 sudu kecil pes udang
- 2 sudu besar kacang tanah panggang
- minyak kacang, jika perlu
- 400 ml (14 oz) krim kelapa (jangan goncang loyang)

- 1 kg (2 lb 4 oz) stik bulat atau bilah, dihiris nipis
- 400 ml (14 oz) santan
- 4 helai daun limau purut
- 90 g ($3\frac{1}{4}$ oz/1/3 cawan) mentega kacang rangup
- 3 sudu besar jus limau nipis
- $2\frac{1}{2}$ sudu besar sos ikan
- $2\frac{1}{2}$ sudu besar gula aren dicukur
- Basil Thai, untuk dihidangkan (pilihan)
- 1 sudu besar kacang tanah panggang yang dicincang, untuk dihidangkan (pilihan)

Arah:

a) Rendam cili dalam air mendidih selama 5 minit, atau sehingga lembut. Keluarkan batang dan biji, kemudian potong.

b) Masukkan cili dan bahan pes kari yang tinggal dalam pemproses makanan, atau dalam lesung dengan alu, dan proses atau tumbuk hingga menjadi pes yang halus. Tambah sedikit minyak kacang jika terlalu pekat.

c) Masukkan krim kelapa pekat dari bahagian atas loyang ke dalam periuk, biarkan mendidih dengan cepat dengan api sederhana, kacau sekali-sekala, dan masak selama 5-10 minit, atau sehingga adunan pecah.

d) Masukkan 6–8 sudu besar pes kari dan masak, kacau, selama 5-10 minit, atau sehingga naik bau.

e) Masukkan daging lembu, baki krim kelapa, santan, daun limau purut dan mentega kacang, dan masak selama 8 minit, atau sehingga daging lembu mula bertukar warna.

f) Kecilkan api dan reneh selama 1 jam, atau sehingga daging lembu empuk. Masukkan jus limau nipis, sos ikan dan gula melaka, dan pindahkan ke dalam hidangan.

g) Hiaskan dengan daun selasih, dan kacang tanah tambahan, jika mahu.

## 62. Kari daging merah Thai & terung

Membuat 4 Hidangan

**bahan-bahan:**

- 500 g (1 lb 2 oz) stik bulat atau bahagian atas
- 250 ml (9 oz/1 cawan) krim kelapa (jangan goncang loyang)
- 2 sudu besar karipap merah siap sedia
- 2 sudu besar sos ikan
- 1 sudu besar gula aren dicukur (jaggery)
- 5 helai daun limau purut, dibelah dua
- 500 ml (17 oz/2 cawan) santan
- 8 biji terung epal Thai (terung), dibelah dua
- 1 genggam kecil selasih Thai, dicincang halus

**Arah:**

a) Potong daging kepada kepingan 5 cm (2 inci), kemudian potong merentasi bijirin pada sudut 45 darjah menjadi kepingan tebal 5 mm ($\frac{1}{4}$ inci).

b) Masukkan krim kelapa pekat dari bahagian atas loyang ke dalam periuk, biarkan mendidih dengan cepat dengan api sederhana, kacau sekali-sekala, dan masak selama 5-10 minit, atau sehingga adunan 'terbelah' (minyak mula pecah).

c) Masukkan pes kari dan renehkan, kacau untuk mengelakkan ia melekat pada bahagian bawah, selama 5 minit, atau sehingga wangi.

d) Masukkan daging dan masak, kacau, selama 3-5 minit, atau sehingga ia berubah warna. Masukkan sos ikan, gula aren, daun limau purut, santan dan baki krim kelapa, dan reneh selama 1 jam, atau sehingga daging empuk dan sos sedikit pekat.

e) Masukkan terung dan masak selama 10 minit, atau sehingga lembut. Jika sos terlalu pekat, masukkan sedikit air. Masukkan daun selasih dan hidangkan.

## 63. kari daging lembu Massaman

Membuat 4 Hidangan

**bahan-bahan:**

- 1 sudu besar pulpa asam jawa
- 2 sudu besar minyak
- 750 g (1 lb 10 oz) daging rebus tanpa lemak, dipotong dadu
- 500 ml (17 oz/2 cawan) santan
- 4 biji buah pelaga, lebam
- 500 ml (17 oz/2 cawan) krim kelapa tin
- 2-3 sudu besar karipap Massaman siap sedia
- 8 biji bawang merah
- 8 biji ubi kentang besar, belah dua
- 2 sudu besar sos ikan
- 2 sudu besar gula aren dicukur
- 70 g (2½ oz/½ cawan) kacang tanah panggang tanpa garam

- daun ketumbar, untuk dihidangkan

Arah:

a) Masukkan pulpa asam jawa dan 125 ml (4 oz/½ cawan) air mendidih ke dalam mangkuk dan ketepikan untuk menyejukkan. Apabila sejuk, tumbuk pulpa untuk larut dalam air, kemudian tapis dan simpan cecair. Buang pulpa.

b) Panaskan minyak dalam kuali atau periuk besar dan masak daging lembu secara berkelompok dengan api besar selama 5 minit, atau sehingga perang.

c) Kecilkan api dan masukkan santan dan buah pelaga, dan reneh selama 1 jam, atau sehingga daging lembu empuk. Keluarkan daging lembu, tapis dan simpan daging lembu dan cecair masak.

d) Masukkan krim kelapa pekat dari bahagian atas tin ke dalam periuk, biarkan mendidih dengan cepat dengan api sederhana, kacau sekali-sekala, dan masak selama 5-10 minit, atau sehingga adunan 'terbelah' (minyak mula pecah).

e) Masukkan pes kari dan masak selama 5 minit, atau sehingga ia menjadi aromatik.

f) Masukkan bawang, kentang, sos ikan, gula aren, kacang tanah, daging lembu, cecair masak yang dikhaskan dan cecair asam jawa, dan reneh selama 25-30 minit. Hiaskan dengan daun ketumbar segar.

## 64. Kari daging lembu lada

Membuat 6 Hidangan

**bahan-bahan:**

- 1 sudu besar biji ketumbar
- 2 sudu kecil biji jintan manis
- 1 sudu teh biji adas
- 1 sudu besar lada hitam
- 3 sudu besar minyak
- 1 kg (2 lb 4 oz) ketul daging lembu, dipotong dadu
- 2 biji bawang, dihiris halus
- 2 ulas bawang putih, ditumbuk
- 3 sudu teh halia parut halus
- 1 biji cili merah, dihiris halus
- 8 helai daun kari
- 1 batang serai, bahagian putih sahaja, dicincang halus
- 2 sudu besar jus lemon

- 250 ml (9 oz/1 cawan) santan
- 250 ml (9 oz/1 cawan) stok daging lembu

Arah:

a)  Tumiskan biji ketumbar, biji jintan manis, biji adas dan lada hitam dalam kuali dengan api sederhana tinggi selama 2-3 minit, atau sehingga naik bau. Biarkan sejuk. Menggunakan lesung dengan alu, atau pengisar rempah, hancurkan atau kisar sehingga menjadi serbuk.

b)  Dalam periuk berasaskan berat, panaskan minyak dengan api yang tinggi, perangkan daging lembu dalam kelompok, dan ketepikan.

c)  Kecilkan api ke sederhana, masukkan bawang merah, bawang putih, halia, cili, daun kari dan serai, dan masak selama 5-6 minit, atau sehingga lembut. Masukkan rempah kisar dan masak selama 3 minit lagi.

d) Masukkan semula daging lembu ke dalam kuali, dan kacau rata untuk menyaluti rempah. Masukkan air limau nipis, santan dan stok daging dan biarkan mendidih.

e) Kecilkan api, tutup dan masak selama $2\frac{1}{2}$ jam, atau sehingga daging lembu sangat empuk dan sos berkurangan. Semasa memasak, skim minyak yang timbul di permukaan dan buang.

## 65. Rendang daging lembu

Membuat 6 Hidangan

**bahan-bahan:**

- 1.5 kg (3 lb 5 oz) chuck daging lembu
- 2 biji bawang, cincang kasar
- 2 ulas bawang putih, ditumbuk
- 400 ml (14 oz) santan
- 2 sudu teh ketumbar kisar
- 1 sudu teh adas kisar
- 2 sudu teh jintan kisar
- ¼ sudu teh bunga cengkih kisar
- 4-6 tangkai cili merah, dihiris
- 1 sudu besar jus lemon
- 1 batang serai, bahagian putih sahaja, potong memanjang
- 2 sudu teh gula aren dicukur (jaggery)

**Arah:**

a) Potong daging daripada sebarang lemak atau urat berlebihan dan potong kepada kiub 3 cm ($1\frac{1}{4}$ inci). Masukkan bawang merah dan bawang putih dalam pemproses makanan, atau dalam mortar dengan alu, dan proses atau tumbuk hingga menjadi pes yang licin.

b) Masukkan santan ke dalam periuk besar dan biarkan mendidih, kemudian kecilkan api ke sederhana dan masak, kacau sekali-sekala, selama 15 minit, atau sehingga susu berkurangan separuh dan minyak telah terpisah. Jangan biarkan susu menjadi perang.

c) Masukkan ketumbar, adas, jintan putih dan cengkih ke dalam kuali, dan kacau selama 1 minit. Masukkan daging dan masak selama 2 minit, atau sehingga ia berubah warna. Masukkan bancuhan bawang besar, cili, air limau nipis, serai dan gula.

d) Masak, bertutup, dengan api sederhana selama 2 jam, atau sehingga cecair berkurangan dan adunan telah menjadi pekat. Kacau selalu untuk mengelakkan ia melekat pada bahagian bawah kuali.

e) Buka tutup dan teruskan masak sehingga minyak santan mula keluar semula, membiarkan kari menjadi warna dan rasa.

## 66. Kari daging lembu & biji sawi

Membuat 6 Hidangan

**bahan-bahan:**

- 3 sudu besar minyak
- 2 sudu besar biji sawi coklat
- 4 biji cili merah kering
- 1 sudu besar kacang pis kuning
- 200 g (7 oz) bawang merah Perancis, dihiris halus
- 8 ulas bawang putih, ditumbuk
- 1 sudu besar halia parut halus
- 15 helai daun kari
- ½ sudu teh kunyit kisar
- 420 g (15 oz) tomato cincang dalam tin
- 1 kg (2 lb 4 oz) ketul daging lembu, dipotong dadu
- 435 ml (15½ oz/1¾ cawan) stok daging lembu

**Arah:**

a) Masukkan minyak dalam periuk berasaskan berat di atas api sederhana, masukkan biji sawi, cili dan kacang pis. Sebaik sahaja biji sawi mula meletop, masukkan bawang merah, bawang putih, halia, daun kari dan kunyit. Masak selama 5 minit, kemudian masukkan tomato, daging lembu dan stok.

b) Didihkan kemudian kecilkan sehingga mendidih, tutup dan masak selama 2 jam, atau sehingga daging lembu sangat empuk dan sos berkurangan. Semasa memasak, skim minyak yang timbul di permukaan dan buang.

## 67. Bebola daging & bawang putih jeruk

Membuat 4 Hidangan

**bahan-bahan:**

- 450 g (1 lb) daging lembu (kisar).
- 3 ulas bawang putih, ditumbuk
- 1 sudu kecil lada putih
- 1 genggam kecil daun ketumbar, dihiris
- 1 genggam kecil selasih Thai, dicincang
- 1 biji bawang besar (bawang merah), dicincang halus
- 3 sudu kecil sos ikan
- 1 biji telur
- 3 sudu besar minyak
- 3 sudu besar karipap hijau siap sedia
- 3 sudu besar halia dihiris halus
- $1\frac{1}{2}$ sudu teh kunyit kisar
- 3 sudu besar sos ikan
- 3 helai daun limau purut

- 2½ sudu besar asam jawa
- 3 sudu besar bawang putih jeruk dicincang
- 1½ sudu besar gula aren dicukur

**Arah:**

a) Untuk membuat bebola daging, satukan semua bahan bersama dengan baik. Kemudian, ambil satu sudu pada satu masa, gulung adunan menjadi bebola kecil. Anda sepatutnya mempunyai kira-kira 24 bola.

b) Panaskan minyak dalam periuk berasaskan berat di atas api sederhana dan masukkan pes kari, halia dan kunyit dan masak, kacau kerap selama kira-kira 5 minit, atau sehingga wangi.

c) Masukkan sos ikan, daun limau purut dan asam jawa. Didihkan kemudian tutup, kecilkan hingga mendidih dan masak selama 5 minit.

d) Masukkan bebola daging, bawang putih jeruk dan gula melaka dan reneh selama 15 minit, atau sehingga bebola daging masak.

## 68. Kari selasih, daging lembu & biji lada

Membuat 4 Hidangan

**bahan-bahan:**

- 2 sudu besar halia parut
- 2 ulas bawang putih, ditumbuk
- 500 g (1 lb 2 oz) pantat atau stik bulat
- 250 ml (9 oz/1 cawan) krim kelapa
- 1 sudu besar karipap kuning siap sedia
- 80 ml (2½ oz/1/3 cawan) sos ikan
- 60 g (2¼ oz/1/3 cawan) gula aren yang dicukur
- 2 batang serai bahagian putih sahaja dicincang halus
- 1 hirisan lengkuas tebal
- 4 helai daun limau purut
- 2 biji tomato, potong dadu 2 cm (¾ inci).
- 400 g (14 oz) kepingan buluh tin, toskan, potong kecil

- 25 g (1 oz) jeruk lada hijau Thai, pada batangnya

- 2 sudu besar asam jawa

- 1 genggam besar selasih Thai, dicincang

Arah:

a) Hancurkan halia dan bawang putih hingga menjadi pulpa kasar dalam mortar dengan alu, atau pemproses makanan. Potong daging menjadi jalur 5 cm x 2 m (2 in x ¾ in) dan tebal 3 mm (1/8 in).

b) Gaulkan pes halia dan bawang putih bersama daging lembu dan perap selama 30 minit.

c) Didihkan separuh krim kelapa dalam hidangan kaserol berasaskan berat di atas api sederhana kemudian kecilkan hingga mendidih. Masukkan pes kari kuning dan masak selama 3-5 minit. Masukkan sos ikan dan gula melaka dan kacau sehingga gula larut.

d) Besarkan api ke atas, masukkan bahan yang tinggal dan 375 ml (13 oz/1½ cawan) air dan masak kari sehingga mendidih kemudian kecilkan hingga mendidih dan masak tanpa bertutup selama 1-1¼ jam, atau sehingga daging lembu empuk.

e) Periksa perasa dan betulkan dengan menambah sos ikan atau gula aren jika perlu. Kacau dengan baki krim kelapa dan hidangkan segera.

# KARI KAMBING

## 69. Kambing dhansak

Membuat 6 Hidangan

**bahan-bahan:**

- 100 g (3½ oz/¾ cawan) lentil kuning
- 2 sudu teh kacang hijau kuning kering
- 2 sudu besar kacang ayam kering
- 3 sudu besar kacang merah
- 1 biji terung (terung) yang belum dikupas
- 150 g (5½ oz) labu yang tidak dikupas
- 2 sudu besar minyak sapi atau minyak
- 1 biji bawang, dicincang halus
- 3 ulas bawang putih, ditumbuk
- 1 sudu besar halia parut
- 1 kg (2 lb 4 oz) kaki tanpa tulang atau bahu kambing, dipotong menjadi 3 cm (1¼ in) kiub
- 1 batang kayu manis
- 5 biji buah pelaga, lebam

- 3 ulas
- 1 sudu besar ketumbar kisar
- 1 sudu teh kunyit kisar
- 1 sudu kecil serbuk cili, atau secukup rasa
- 150 g (5½ oz) daun bayam atau bayam Inggeris, dipotong menjadi 5 cm (2 in) panjang
- 2 biji tomato, dibelah dua
- 2 biji cili hijau panjang, buang biji, belah memanjang
- 3 sudu besar jus limau nipis

Arah:

a) Rendam lentil kuning, kacang hijau kuning dan kacang ayam dalam air selama kira-kira 2 jam, kemudian toskan dengan baik.

b) Masukkan keempat-empat jenis nadi ke dalam periuk, tambahkan 1 liter (35 oz/4 cawan) air, tutup dan biarkan mendidih.

c) Buka tutup dan reneh selama 15 minit, buang sebarang buih yang terbentuk di permukaan, dan kacau sekali-sekala untuk memastikan semua nadi masak pada kadar yang sama dan lembut. Toskan denyutan dan tumbuk ringan kepada tekstur yang serupa.

d) Masak terung dan labu dalam air mendidih selama 10-15 minit, atau sehingga lembut. Keluarkan daging labu dan potong-potong. Kupas terung dengan berhati-hati (ia mungkin sangat berdebu) dan potong daging menjadi kepingan kecil.

e) Panaskan minyak sapi atau minyak dalam hidangan kaserol atau karahi dan goreng bawang merah, bawang putih dan halia selama 5 minit, atau sehingga perang ringan dan lembut. Masukkan kambing dan perang selama 10 minit, atau sehingga naik bau.

f) Masukkan kayu manis, buah pelaga, bunga cengkih, ketumbar, kunyit dan serbuk cili dan goreng selama 5 minit untuk membolehkan rasa berkembang. Tambah

170 ml (5½ oz/n cawan) air, tutup dan reneh selama 40 minit, atau sehingga kambing empuk.

g) Masukkan lentil tumbuk dan semua sayur-sayuran yang dimasak dan mentah ke dalam kuali.

h) Masukkan air limau nipis dan reneh selama 15 minit (jika sos terlalu pekat, masukkan sedikit air). Kacau rata, kemudian periksa perasa. Dhansak hendaklah berperisa, beraroma, tart dan pedas.

## 70. Kari Kambing & Kentang

Membuat 6 Hidangan

**bahan-bahan:**

- 6 ulas bawang putih dikisar
- 3 Sudu besar serbuk kari
- 2 Sudu besar akar halia segar yang dikisar
- 2 sudu teh campuran rempah garam masala
- 1 sudu teh paprika, salai
- 1 sudu teh thyme, kering
- 1 sudu teh ketumbar, dikisar
- 1 & 1/2 sudu teh garam, halal
- 1 sudu teh lada, dikisar
- 1/4 sudu teh jintan manis, dikisar
- 1 sudu besar minyak, zaitun
- 1 sudu kecil serbuk cili
- 2 paun daging kambing bilah bahu

- 4 x 1/2"-potong dadu kentang merah sederhana
- 1 x 15-oz. tin tomato yang tidak ditapis, dipotong dadu
- 1 cawan air rebusan ayam, rendah natrium
- 1 biji bawang besar dicincang
- Pilihan: masak, nasi perang panas, untuk dihidangkan

**Arah:**

a) Secara besar-besaran beg makanan, satukan 1 sudu besar serbuk kari dengan 3 ulas bawang putih, 1 sudu besar halia, 1 sudu teh campuran rempah garam masala, paprika, thyme, serbuk cili, 1/2 sudu teh setiap satu garam kosher, lada kisar dan ketumbar, dikisar jintan manis dan minyak.

b) Masukkan daging kambing ke dalam beg. Tutup beg dan salutkan daging dengan memusing beg. Sejukkan selama 8 jam.

c) Letakkan kepingan kentang dalam periuk perlahan. Masukkan kambing.

d) Letakkan sup, tomato, bawang besar & baki bawang putih & perasa dalam pemproses makanan. Tutup dan proses sehingga sebati.

e) Tuangkan adunan tomato ke atas kambing dan ubi kentang. Tutup periuk perlahan. Masak sehingga daging menjadi empuk, 4 hingga 5 jam. Keluarkan daging dari tulang dan buang tulangnya.

f) Potong daging menggunakan 2 garpu. Tapis jus masak dan simpan kentang. Singkirkan sebarang lemak daripada jus. Kembalikan kambing, kentang yang telah disimpan dan jus masak ke dalam periuk perlahan dan panaskan sepenuhnya. Hidangkan di atas nasi, jika mahu.

## 71. Batang kambing & kari yogurt

Membuat 6 Hidangan

**bahan-bahan:**

- 3 sudu besar biji ketumbar
- 2 sudu kecil biji jintan manis
- 1 sudu kecil bunga cengkih
- 1 sudu kecil lada hitam
- 1 sudu kecil lada cayenne
- 1 sudu teh kunyit kisar
- 2 sudu besar halia cincang
- 6 ulas bawang putih, cincang
- 1 bawang kecil, dicincang
- 2 sudu besar minyak sapi atau minyak
- 6 ekor kambing
- 3 batang kayu manis
- 2 daun salam
- 375 g (13 oz/1½ cawan) yogurt biasa

- 625 ml (21½ auns/2½ cawan) stok ayam
- Panaskan ketuhar kepada 160°C (315°F/Gas 2-3).

**Arah:**

a) Keringkan -goreng biji ketumbar, biji jintan manis, bunga cengkih, biji lada, lada cayenne dan kunyit kisar dalam kuali dengan api sederhana tinggi selama 2-3 minit, atau sehingga naik bau. Biarkan sejuk. Menggunakan lesung dengan alu, atau pengisar rempah, hancurkan atau kisar sehingga menjadi serbuk.

b) Masukkan rempah kisar bersama halia, bawang putih, bawang merah dan 3 sudu besar air dalam pemproses makanan, atau dalam lesung dengan alu, dan proses atau tumbuk hingga menjadi pes yang halus.

c) Dalam kuali besar berasaskan berat, panaskan minyak sapi atau minyak di atas api sederhana tinggi dan perangkan betis secara berkelompok dan ketepikan. Kecilkan api menjadi rendah. Masukkan pes rempah halia ke dalam kuali dan masak selama 5-8 minit.

d) Masukkan kayu manis, daun bay dan yogurt ke dalam kuali, satu sudu pada satu masa, kacau rata supaya ia sebati dengan lancar. Masukkan air rebusan ayam dan kacau rata hingga sebati.

e) Masukkan shanks ke dalam hidangan kalis ketuhar berasaskan berat yang besar yang akan memuatkannya dalam satu lapisan, kemudian tuangkan sos yogurt ke atas shanks. Putar betis supaya ia disalut dengan sos, dan tutup dengan penutup, atau kerajang.

f) Bakar dalam ketuhar selama kira-kira 3 jam, atau sehingga kambing jatuh dari tulang, pusingkan betis separuh jalan semasa memasak. Apabila anda mengeluarkan dari ketuhar, skim minyak yang keluar ke permukaan dan buang.

g) Keluarkan shank dari sos ke atas pinggan hidangan. Perasakan sos secukup rasa, kacau hingga sebati sebelum sendukkan ke atas batang.

## 72. Korma kambing

Membuat 4 Hidangan

**bahan-bahan:**

- 1 kg (2 lb 4 oz) daging kaki kambing
- 1 bawang, dicincang, ditambah 1 bawang, dihiris
- 2 sudu teh halia parut
- 4 ulas bawang putih
- 2 sudu teh ketumbar kisar
- 2 sudu teh jintan kisar
- 1 sudu kecil biji buah pelaga
- 1 sudu kecil bunga cengkih
- 1 sudu teh kayu manis tanah
- 3 biji cili hijau panjang, buang biji, potong
- 2 sudu besar minyak sapi atau minyak
- 2½ sudu besar pes tomato
- 125 g (4½ oz/½ cawan) yogurt biasa

- 125 ml (4 oz/½ cawan) krim kelapa
- 50 g (1¾ oz/½ cawan) badam kisar
- badam cincang panggang, untuk dihidangkan

**Arah:**

a) Potong lebihan lemak atau otot dari kambing, potong 3 cm (1¼ inci) kiub dan masukkan ke dalam mangkuk besar.

b) Masukkan bawang merah, halia, bawang putih, ketumbar, jintan manis, biji buah pelaga, bunga cengkih, kayu manis, cili dan ½ sudu teh garam dalam pemproses makanan, atau dalam mortar dengan alu, dan proses atau tumbuk menjadi pes yang halus.

c) Masukkan pes rempah ke dalam kambing dan gaul rata. Biarkan perap selama 1 jam.

d) Panaskan minyak sapi atau minyak dalam periuk besar, masukkan bawang yang dihiris dan masak, kacau, dengan api perlahan selama 7 minit, atau sehingga bawang lembut.

e) Besarkan api kepada sederhana-tinggi dan masukkan campuran kambing dan masak, kacau sentiasa, selama 8-10 minit, atau sehingga kambing berubah warna.

f) Masukkan pes tomato, yogurt, krim kelapa dan badam kisar. Kecilkan api dan reneh, ditutup, kacau sekali-sekala, selama kira-kira 1 jam, atau sehingga daging sangat empuk. Tambah sedikit air jika adunan menjadi terlalu kering.

g) Perasakan dengan garam dan lada sulah, dan hidangkan dihiasi dengan badam yang dihiris.

## 73. Lamb Rogan josh

Membuat 6 Hidangan

**bahan-bahan:**

- 8 ulas bawang putih, ditumbuk
- 3 sudu teh halia parut
- 2 sudu teh jintan kisar
- 1 sudu kecil serbuk cili
- 2 sudu teh paprika
- 2 sudu teh ketumbar kisar
- 1 kg (2 lb 4 oz) kaki tanpa tulang atau bahu kambing, dipotong menjadi 3 cm ($1\frac{1}{4}$ in) kiub
- 3 sudu besar minyak sapi atau minyak
- 1 biji bawang, dicincang halus
- 6 biji buah pelaga, lebam
- 4 biji cengkih
- 2 daun bay India (cassia).
- 1 batang kayu manis

- 185 g (6½ auns/¾ cawan) yogurt gaya Yunani

- 4 utas kunyit, dicampur dengan 2 sudu besar susu

- ¼ sudu teh garam masala

**Arah:**

a) Campurkan bawang putih, halia, jintan putih, serbuk cili, paprika dan ketumbar dalam mangkuk besar. Masukkan daging dan kacau hingga sebati. Tutup dan perap sekurang-kurangnya 2 jam, atau semalaman, di dalam peti sejuk.

b) Panaskan minyak sapi atau minyak dalam periuk kaserol atau karahi kalis api dengan api perlahan. Masukkan bawang dan masak selama kira-kira 10 minit, atau sehingga bawang menjadi perang sedikit. Keluarkan dari hidangan.

c) Masukkan buah pelaga, bunga cengkih, daun bay dan kayu manis ke dalam hidangan dan goreng selama 1 minit.

d) Kecilkan api, masukkan daging dan bawang besar, kemudian gaul rata dan goreng selama 2 minit. Kacau rata, kemudian kecilkan api, tutup dan masak selama 15 minit.

e) Buka tutup dan goreng selama 3-5 minit lagi, atau sehingga daging agak kering. Tambah 100 ml ($3\frac{1}{2}$ oz) air, tutup dan masak selama 5-7 minit, sehingga airnya sejat dan minyaknya terpisah dan terapung di permukaan.

f) Goreng daging selama 1-2 minit lagi, kemudian tambah 250 ml (9 oz/1 cawan) air. Tutup dan masak selama 40-50 minit, reneh perlahan-lahan sehingga daging empuk. Cecair akan berkurangan sedikit.

g) Kacau yoghurt apabila daging hampir empuk, berhati-hati agar daging tidak melekat di dasar hidangan. Masukkan kunyit dan susu. Kacau adunan beberapa kali untuk sebati dengan kunyit. Perasakan dengan garam secukup rasa.

h) Angkat dari api dan taburkan garam masala.

## 74. kambing ala Balti

Membuat 4 Hidangan

**bahan-bahan:**

- 1 kg (2 lb 4 oz) stik kaki kambing, dipotong menjadi 3 cm (1¼ inci) kiub
- 2 sudu besar pes balti masala siap
- 2 sudu besar minyak sapi atau minyak
- 3 ulas bawang putih, ditumbuk
- 1 sudu besar garam masala
- 1 biji bawang besar, cincang halus
- 2 sudu besar daun ketumbar dicincang, ditambah tambahan untuk hiasan

**Arah:**

a) Panaskan ketuhar hingga 190°C (375°F/Gas 5). Masukkan daging, 1 sudu besar pes balti masala dan 375 ml (13 oz/1½ cawan) air mendidih dalam hidangan kaserol besar atau karahi, dan satukan. Masak, bertutup, dalam ketuhar selama 30–40 minit, atau sehingga hampir masak. Toskan, tempah stok.

b) Panaskan minyak sapi atau minyak dalam kuali, masukkan bawang putih dan garam masala, dan kacau-goreng dengan api sederhana selama 1 minit. Masukkan bawang dan masak selama 5-7 minit, atau sehingga bawang lembut dan perang keemasan.

c) Besarkan api, masukkan baki pes balti masala dan kambing. Masak selama 5 minit untuk perang daging. Perlahan-lahan masukkan stok yang dikhaskan dan reneh dengan api perlahan, kacau sekali-sekala, selama 15 minit.

d) Masukkan daun ketumbar yang dicincang dan 185 ml (6 oz/¾ cawan) air dan reneh selama 15 minit, atau sehingga daging empuk dan sos telah menjadi pekat sedikit.

e) Perasakan dengan garam dan lada hitam yang baru dikisar dan hiaskan dengan daun ketumbar tambahan.

## 75. Masam kambing & kari buluh

Membuat 4 Hidangan

**bahan-bahan:**

- 1 sudu kecil lada putih
- 1 sudu kecil pes udang
- 30 g (1 oz) udang kering
- 6 biji bawang besar (scallions), dihiris
- 60 g (2¼ oz) cili jalapeño dihiris
- 2 batang serai, bahagian putih sahaja, dihiris nipis
- 6 ulas bawang putih, ditumbuk
- 4 akar ketumbar, dihiris
- 2 sudu teh lengkuas dikisar
- 1 sudu kecil serbuk cili
- 80 ml (2½ oz/1/3 cawan) sos ikan
- 80 ml (2½ oz/1/3 cawan) jus limau nipis
- 1 sudu teh kunyit kisar

- 500 g (1 lb 2 oz) kaki kambing tanpa tulang, dipotong daripada fa berlebihan
- 1 sudu besar minyak
- 1 sudu besar gula aren dicukur (jaggery)
- 250 ml (9 oz/1 cawan) krim kelapa
- 60 g ($2\frac{1}{4}$ auns/$\frac{1}{4}$ cawan) asam jawa
- $1\frac{1}{2}$ sudu besar sos ikan
- 400 g (14 oz) kepingan rebung dalam tin, dipotong menjadi kepingan tebal
- 200 g (7 oz) kacang hijau, dipotong menjadi 4 cm ($1\frac{1}{2}$ in) panjang

**Arah:**

a) Keringkan -goreng biji lada dan pes udang yang dibalut dengan kerajang dalam kuali dengan api sederhana tinggi selama 2-3 minit, atau sehingga naik bau. Biarkan sejuk. Menggunakan lesung dengan alu, atau pengisar rempah, hancurkan atau kisar sehingga menjadi serbuk.

b) Proseskan udang kering dalam pemproses makanan sehingga ia menjadi dicincang sangat halus — membentuk 'floss'.

c) Masukkan biji lada, pes udang dan udang kering dengan baki bahan pes kari ke dalam pemproses makanan, atau dalam lesung dengan alu, dan proses atau tumbuk hingga halus.

d) Potong kambing menjadi jalur 5 cm x 2 cm (2 in x ¾ in) dan 3 mm (1/8 in) tebal. Panaskan minyak dalam hidangan kaserol berasaskan berat dengan api sederhana dan tambah 2-3 sudu besar pes. Kacau sentiasa, masukkan gula aren. Apabila gula aren telah larut masukkan kambing, kacau selama kira-kira 7 minit, atau sehingga sedikit keemasan.

e) Masukkan krim kelapa, 250 ml (9 oz/1 cawan) air, asam jawa, sos ikan dan buluh. Didihkan kemudian kecilkan api dan reneh selama kira-kira 20 minit, atau sehingga lembut.

f) Masukkan kacang dan reneh selama 3 minit lagi. Perasakan secukup rasa dan hidangkan.

## 76. kambing ketumbar

Membuat 6 Hidangan

**bahan-bahan:**

- 1½ sudu besar halia cincang
- 2½ sudu besar jus lemon
- 1 kg (2 lb 4 oz) kaki atau bahu kambing, dipotong dadu
- 1½ sudu besar biji ketumbar
- 1 sudu kecil lada hitam
- 2 biji tomato, dicincang
- 2 sudu kecil pes tomato
- 3 tangkai cili hijau panjang, buang biji, potong
- 1 genggam tangkai dan akar ketumbar, dicincang kasar
- 3 sudu besar minyak
- 250 ml (9 oz/1 cawan) stok ayam
- 2 sudu besar yogurt biasa

- 1 genggam besar daun ketumbar, dicincang halus, untuk dihidangkan

**Arah:**

a) Masukkan bawang putih, halia, jus lemon dan air secukupnya untuk membentuk pes dalam pemproses makanan, atau dalam mortar dengan alu, dan proses atau tumbuk hingga menjadi pes yang halus.

b) Masukkan kambing ke dalam mangkuk bukan logam, tambah pes bawang putih, dan gaul rata untuk menggabungkan. Tutup dan sejukkan selama 2 jam.

c) Tumiskan biji ketumbar dan biji lada dalam kuali dengan api sederhana tinggi selama 2-3 minit, atau sehingga naik bau. Biarkan sejuk. Menggunakan lesung dengan alu, atau pengisar rempah, hancurkan atau kisar sehingga menjadi serbuk.

d) Masukkan rempah kisar, tomato, pes tomato, cili dan tangkai ketumbar dan akar dalam pemproses makanan, atau dalam lesung dengan alu, dan proses atau tumbuk hingga menjadi pes yang halus.

e) Panaskan minyak dalam periuk berasaskan berat di atas api sederhana-tinggi. Perangkan kambing secara berkelompok. Apabila semua kambing telah siap, kembalikan ke dalam kuali bersama pes cili tomato, dan stok.

f) Didihkan kemudian kecilkan kepada reneh perlahan, tutup dan masak selama $1\frac{1}{2}$ jam, keluarkan tudung, dan masak selama 15 minit lagi, atau sehingga kambing empuk. Semasa memasak, skim minyak yang timbul di permukaan dan buang.

g) Keluarkan dari api dan kacau perlahan-lahan melalui yogurt, hiaskan dengan daun ketumbar cincang dan hidangkan.

77. Kari kambing dan bayam

Membuat 6 Hidangan

**bahan-bahan:**

- 2 sudu kecil biji ketumbar
- 1½ sudu teh biji jintan manis
- 3 sudu besar minyak
- 1 kg (2 lb 4 oz) kaki atau bahu kambing tanpa tulang, dipotong menjadi kiub 2.5 cm (1 inci)
- 4 biji bawang, dicincang halus
- 2 ulas
- buah pelaga
- 1 batang kayu manis
- 10 biji lada hitam
- 4 daun bay India (cassia).
- 3 sudu teh garam masala
- ¼ sudu teh kunyit kisar
- 1 sudu kecil paprika

- 1½ sudu besar halia parut
- 4 ulas bawang putih, ditumbuk
- 185 g (6½ auns/¾ cawan) yogurt gaya Yunani
- 450 g (1 lb) daun bayam atau bayam Inggeris, dicincang kasar

**Arah:**

a) Tumiskan biji ketumbar dan jintan manis dalam kuali dengan api sederhana tinggi selama 2-3 minit, atau sehingga naik bau. Biarkan sejuk. Menggunakan lesung dengan alu, atau pengisar rempah, hancurkan atau kisar sehingga menjadi serbuk.

b) Panaskan minyak dalam periuk kaserol kalis api dengan api perlahan dan goreng beberapa keping daging pada satu masa sehingga perang. Keluarkan dari hidangan.

c) Tambah lebih banyak minyak ke dalam hidangan, jika perlu, dan goreng bawang, bunga cengkih, buah pelaga, batang kayu manis, lada lada dan daun bay sehingga bawang berwarna perang. Masukkan jintan manis dan ketumbar, garam masala, kunyit dan paprika dan goreng selama 30 saat.

d) Masukkan daging, halia, bawang putih, yogurt dan 425 ml (15 oz) air dan biarkan mendidih. Kecilkan api hingga mendidih, tutup dan masak selama $1\frac{1}{2}$-2 jam, atau sehingga daging sangat empuk.

e) Pada peringkat ini, kebanyakan air sepatutnya telah sejat. Jika belum, keluarkan tudung, besarkan api dan masak sehingga kelembapan menyejat.

f) Masak sebentar bayam dalam sedikit air reneh sehingga layu, kemudian segarkan dalam air sejuk. Toskan hingga sebati, kemudian cincang halus. Perah sebarang air tambahan.

g) Masukkan bayam ke dalam kambing dan masak selama 3 minit, atau sehingga bayam dan kambing sebati dan sebarang cecair tambahan telah sejat.

## 78. Kambing cincang dengan oren

Membuat 6 Hidangan

**bahan-bahan:**

- 3 sudu besar minyak
- 2 biji bawang besar, dihiris halus
- 4 ulas bawang putih, ditumbuk
- 3 sudu teh halia parut halus
- 2 sudu teh jintan kisar
- 2 sudu teh ketumbar kisar
- 1 sudu teh kunyit kisar
- 1 sudu kecil lada cayenne
- 1 sudu teh garam masala
- 1 kg (2 lb 4 oz) kambing cincang (kisar).
- 90 g (3¼ oz/1/3 cawan) yogurt biasa
- 250 ml (9 oz/1 cawan) jus oren
- 2 sudu kecil kulit oren
- 1 daun salam

- 1 cili hijau panjang, dibuang biji, dihiris halus
- 1 genggam daun ketumbar, dihiris kasar
- 1 genggam pudina, dicincang kasar

Arah:

a) Panaskan minyak dalam kuali besar berasaskan berat di atas api sederhana. Masukkan bawang besar, bawang putih, dan halia dan tumis selama 5 minit. Masukkan jintan manis, ketumbar, kunyit, lada cayenne dan garam masala, dan masak selama 5 minit lagi.

b) Besarkan api, masukkan daging cincang, dan masak, kacau sentiasa untuk memecahkan daging. Masukkan yogurt, satu sudu pada satu masa, kacau supaya ia sebati. Masukkan jus oren, zest, dan daun bay.

c) Biarkan mendidih kemudian kecilkan hingga mendidih, tutup dan masak selama 45 minit, atau sehingga lembut. Semasa memasak, skim minyak yang timbul di permukaan dan buang.

d) Perasakan secukup rasa kemudian kacau cili hijau, ketumbar dan pudina sebelum dihidangkan.

## 79. Kari kambing bercetak

Membuat 6 Hidangan

**bahan-bahan:**

- 1 kg (2 lb 4 oz) bahu kambing, dipotong menjadi 2 cm (¾ in) dadu
- 4 biji bawang besar, dihiris halus
- 3 ulas bawang putih, ditumbuk
- 3 sudu teh halia dicincang halus
- 1 sudu kecil lada cayenne
- 1 sudu kecil kunyit
- 125 ml (4 oz/½ cawan) stok ayam
- 1 genggam daun ketumbar dan tangkai
- 1 genggam pudina
- 3 biji cili hijau panjang
- 3 sudu besar jus lemon
- 1 sudu teh gula

**Arah:**

a) Masukkan kambing, bawang besar, bawang putih, halia, cayenne, kunyit, dan stok ayam dalam periuk berasaskan berat di atas api sederhana.

b) Biarkan mendidih, kecilkan api, tutup dan masak selama 2 jam. Skim permukaan untuk mengeluarkan sebarang minyak dan buang.

c) Masukkan daun ketumbar dan tangkai, daun pudina, cili hijau, jus lemon dan 2 sudu besar cecair masak daripada kari ke dalam pemproses makanan, atau dalam mortar dengan alu, dan proses atau tumbuk hingga konsisten.

d) Tuangkan ke dalam adunan kambing, letakkan semula di atas api sehingga ia mendidih semula.

e) Masukkan gula, perasakan secukup rasa dan hidangkan.

## 80. Lamb rizala

Membuat 6 Hidangan

**bahan-bahan:**

- 2 bawang, dicincang
- 1 sudu besar halia parut
- 4 ulas bawang putih, ditumbuk
- 1 sudu teh kayu manis tanah
- 3 sudu besar minyak sapi atau minyak
- 1 kg (2 lb 4 oz) bahu kambing, dipotong dadu
- 125 g (4½ oz/½ cawan) yogurt biasa
- 250 ml (9 oz/1 cawan) stok ayam
- 40 g (1½ auns/½ cawan) bawang goreng rangup
- 3 biji cili merah, buang biji, hiris halus
- 1 sudu besar gula
- 3 sudu besar jus limau nipis

**Arah:**

a) Masukkan bawang, halia, bawang putih, kayu manis dan 3 sudu besar air ke dalam pemproses makanan, atau dalam mortar dengan alu, dan proses atau tumbuk menjadi pes yang halus.

b) Panaskan minyak sapi atau minyak dalam periuk berasaskan berat dengan api yang tinggi. Perangkan kambing secara berkelompok dan ketepikan.

c) Kecilkan api, masukkan pes bawang dan masak selama 5 minit, kacau sentiasa. Masukkan semula kambing ke dalam kuali, dan kacau hingga sebati, masukkan yogurt satu sudu pada satu masa, kacau rata untuk dimasukkan.

d) Masukkan stok ayam, dan bawang goreng garing. Biarkan mendidih, tutup dan masak dengan api perlahan selama 2 jam. Semasa memasak, skim minyak yang timbul di permukaan dan buang.

e) Apabila kambing telah empuk, masukkan cili, gula dan jus limau nipis, dan masak selama 5 minit lagi sebelum dihidangkan.

# KARI BABI

## 81. Daging Babi Tenderloin dalam Kari Hijau

Membuat 4 Hidangan

**bahan-bahan:**

### Untuk tenderloin:

- 1/4 cawan kicap, natrium rendah
- 2 sudu besar jus oren, segar
- 1 Sudu besar sirap maple, tulen
- 1 Sudu besar minyak bijan, dibakar
- 1 x 1 & 1/2-lb. daging babi tenderloin
- Garam, halal, seperti yang dikehendaki
- 1 Sudu besar minyak biji anggur

### Untuk pemasangan & sos:

- 1 Sudu Besar + 1/2 cawan minyak biji anggur
- 1 sederhana, bawang merah dicincang
- 1 ulas bawang putih
- 1/4 cawan pes kari hijau, disediakan

- 1 sudu kecil perahan limau nipis, parut halus
- 1 x 14 & 1/2-oz. tin santan, tanpa gula
- 1 Sudu besar nektar, agave
- 1 sudu besar jus limau nipis, segar
- 1/4 cawan daun ketumbar + tambahan untuk dihidangkan
- Biji labu panggang tanpa garam

**Arah:**

a) Untuk menyediakan tenderloin, gabungkan sirap maple, jus oren, kicap & minyak bijan dalam beg makanan besar . Tambah

b) tenderloin, kemudian tekan keluar udara dan tutup beg. Putar sekali sambil menyejukkan selama 8 hingga 12 jam. Kemudian keluarkan tenderloin. Buang perapan. Perasakan seperti yang dikehendaki.

c) Panaskan ketuhar hingga 250F. Panaskan minyak dalam kuali kalis ketuhar, besar pada sederhana tinggi . Putar tenderloin sekali-sekala semasa memasak selama 5-7 minit, sehingga semua bahagian telah menjadi perang. Pindahkan kuali ke dalam ketuhar. Bakar pada 250F selama 20 hingga 25 minit. Pindahkan daging ke papan pemotong dan biarkan ia berehat selama 10+ minit sebelum anda menghirisnya.

d) Panaskan 1 Sudu Besar minyak dalam kuali besar dengan api sederhana . Kacau bawang putih dan bawang merah dengan kerap semasa memasak selama 3-4 minit, sehingga lembut. Masukkan karipap & perahan limau nipis. Kacau sentiasa semasa memasak selama 4-5 minit sehingga pes naik bau dan sedikit gelap.

e) Masukkan santan. Bawa adunan hingga mendidih. Masak selama 20 hingga 25 minit, sehingga berkurangan separuh. Biarkan adunan kari sejuk.

f) Pindahkan adunan kari ke dalam pemproses makanan. Masukkan jus limau nipis, agave, 2 Sudu Besar air dan 1/4 cawan ketumbar. Kisar sehingga agak licin. Tambah 1/2 cawan minyak terakhir dalam satu aliran tetap. Kemudian kisar sehingga sos menjadi emulsi dan pekat. Pindahkan ke dalam kuali kecil. Panaskan pada medium sehingga panas. Hidangkan daging babi dan sos yang dihiasi dengan biji labu dan ketumbar.

## 82. Kari Epal & Babi

Membuat 8 Hidangan

**bahan-bahan:**

- 2 paun daripada daging babi panggang 1"- potong dadu, tanpa tulang
- 1 epal yang dikupas, dicincang, sederhana
- 1 bawang cincang, kecil
- 1/2 cawan jus oren
- 1 ulas bawang putih dikisar
- 1 sudu teh bouillon ayam pasir
- 1 Sudu besar serbuk kari
- 1/2 sudu teh garam halal
- 1/2 sudu teh halia, dikisar
- 1/4 sudu teh kayu manis, dikisar
- 2 Sudu besar tepung jagung
- 2 sudu besar air, sejuk
- Pilihan: masak, nasi panas
- 1/4 cawan kelapa panggang, parut, manis

- 1/4 cawan kismis

**Arah:**

a) Dalam periuk perlahan kecil, satukan 10 bahan pertama di atas. Tutup periuk perlahan. Masak pada tetapan rendah selama 6 jam (mungkin kurang, selagi daging menjadi empuk).

b) Tingkatkan periuk perlahan kepada tetapan tinggi. Dalam mangkuk adunan kecil, satukan air dan tepung jagung hingga rata. Masukkan dan kacau ke dalam periuk perlahan. Letakkan penutup semula. Kacau sekali semasa masak sehingga pekat, 1/2 jam. Hidangkan bersama nasi di atas pinggan atau dalam mangkuk. Taburkan kelapa dan kismis di atas, jika digunakan.

## 83. Babi Bakar Kari

Membuat 4 Hidangan

**bahan-bahan:**

- 1 x 13 & 1/2-oz. tin santan, tanpa gula
- 2 sudu besar sos ikan
- 2 Sudu besar kicap, natrium rendah
- 1 Sudu besar gula, ditumbuk
- 1 sudu teh garam, halal
- 3/4 sudu teh lada, putih
- 1/2 sudu teh kunyit, dikisar
- 1/2 sudu kecil serbuk kari
- 3/4 cawan susu pekat, manis
- 1 & 1/2 paun. daripada 4 x 1/2" bahu babi yang dipotong jalur, tanpa tulang
- 4 oz. daripada 1/2"-potongan fatback

**Arah:**

a) Masak santan, kicap, sos ikan, garam, lada sulah, gula, kunyit dan serbuk kari hingga mendidih dalam kuali sederhana sambil dikacau sekali sekala. Kecilkan api. Reneh selama 10 hingga 15 minit sehingga rasa sebati dan sos buih.

b) Pindahkan adunan ke dalam mangkuk bersaiz besar. Biarkan sejuk sedikit kemudian masukkan susu pekat. Rasa sos dan perasakan mengikut keinginan.

c) Masukkan daging babi. Toskan sambil mengurut daging babi menggunakan tangan. Penutup. Sejukkan selama sejam.

d) Sediakan gril untuk tahap haba yang sederhana tinggi .

e) Benang 1 keping fatback di tengah lidi. Benang pada daging babi. Putar sekali-sekala semasa memanggang selama 4-5 minit, sehingga masak sepenuhnya dan hangus sedikit. Hidangkan.

## 84. Kari babi dengan terung

Membuat 6 Hidangan

**bahan-bahan:**

- 4 biji cili merah panjang, belah memanjang, buang biji
- 1 hirisan lengkuas tebal, dihiris
- 1 biji bawang besar (bawang merah), dicincang
- 2 ulas bawang putih, cincang
- 2 akar ketumbar, dihiris
- 1 batang serai, bahagian putih sahaja, dihiris nipis
- 1 sudu teh lada putih kisar
- 1 sudu kecil pes udang
- 1 sudu kecil sos ikan
- 2 sudu besar mentega kacang rangup
- 600 g (1 lb 5 oz) bahu babi
- 1 hirisan halia tebal

- 2 sudu besar gula aren dicukur
- 80 ml (2½ oz/1/3 cawan) sos ikan
- 400 ml (14 oz) krim kelapa (jangan goncang loyang)
- 250 g (9 oz) terung (terung) dipotong menjadi 2 cm (¾ in) kiub
- 225 g (8 oz) pucuk buluh tin atau 140 g (5 oz) toskan, dihiris
- 1 genggam besar selasih Thai, dicincang

**Arah:**

a) Masukkan cili belah dalam mangkuk cetek dan tuangkan air panas secukupnya untuk menutup dan berehat selama 15 minit, atau sehingga empuk. Toskan, simpan 1 sudu besar cecair rendaman.

b) Masukkan cili dan cecair rendaman simpanan dengan baki bahan pes kari, kecuali mentega kacang, dalam pemproses makanan, atau dalam mortar dengan alu, dan proses atau tumbuk hingga menjadi pes yang halus. Masukkan mentega kacang.

c) Potong daging babi menjadi kepingan tebal 1 cm ($\frac{1}{2}$ inci). Masukkan ke dalam periuk dan tutup dengan air. Masukkan hirisan halia, 1 sudu besar gula aren dan 1 sudu besar sos ikan.

d) Didihkan dengan api besar kemudian kecilkan hingga mendidih dan masak selama 20-25 minit, atau sehingga daging empuk.

e) Keluarkan dari api dan biarkan daging sejuk dalam stok cecair. Kemudian tapis, simpan 250 ml (9 oz/1 cawan) cecair memasak.

f) Masukkan krim kelapa pekat dari bahagian atas loyang ke dalam periuk, biarkan mendidih dengan cepat dengan api sederhana, kacau sekali-sekala, dan masak selama 5-10 minit, atau sehingga adunan 'terbelah' (minyak mula pecah).

g) Masukkan pes kari dan baki gula aren dan sos ikan, dan biarkan mendidih. Kecilkan hingga mendidih dan masak selama kira-kira 3 minit, atau sehingga naik bau.

h) Masukkan daging babi, terung, buluh yang dihiris, cecair memasak daging babi yang dikhaskan dan baki krim kelapa.

i) Besarkan api dan biarkan mendidih semula sebelum didihkan dan masak selama 20-25 minit lagi, atau sehingga terung lembut dan sos telah pekat sedikit. Teratas dengan daun selasih.

## 85. Kari babi goreng Sri Lanka

Membuat 6 Hidangan

**bahan-bahan:**

- 80 ml (2½ oz/1/3 cawan) minyak
- 1.25 kg (2 lb 12 oz) bahu babi tulang, dipotong menjadi 3 cm (1¼ in) kiub
- 1 biji bawang merah besar, dihiris halus
- 3-4 ulas bawang putih, ditumbuk
- 1 sudu besar halia parut
- 10 helai daun kari
- 1 sudu kecil biji fenugreek
- 1 sudu kecil serbuk cili
- 6 biji buah pelaga, lebam
- 2½ sudu besar serbuk kari Sri Lanka
- 1 sudu besar cuka putih
- 3 sudu besar asam jawa
- 270 ml (9½ oz) krim kelapa

**Arah:**

a) Panaskan separuh minyak dalam periuk besar dengan api yang tinggi, masukkan daging dan masak secara berkelompok selama 6 minit, atau sehingga perang. Keluarkan dari kuali. Panaskan baki minyak, masukkan bawang besar dan masak dengan api sederhana selama 5 minit, atau sehingga keperangan.

b) Masukkan bawang putih dan halia, dan masak selama 2 minit. Masukkan daun kari, rempah ratus dan serbuk kari, dan masak selama 2 minit, atau sehingga naik bau. Masukkan cuka dan 1 sudu teh garam.

c) Kembalikan daging ke dalam kuali, masukkan pekat asam jawa dan 310 ml ($10\frac{3}{4}$ oz/$1\frac{1}{4}$ cawan) air dan reneh, ditutup, kacau sekali-sekala, selama 40–50 minit, atau sehingga daging empuk.

d) Kacau dalam krim kelapa dan reneh, tidak bertutup, selama 15 minit, atau sehingga sos telah berkurangan dan pekat sedikit. Hidangkan segera.

## 86. Vindaloo babi

Membuat 4 Hidangan

**bahan-bahan:**

- 1 kg (2 lb 4 oz) fillet daging babi
- 3 sudu besar minyak
- 2 biji bawang, dicincang halus
- 4 ulas bawang putih, ditumbuk
- 1 sudu besar halia dicincang halus
- 1 sudu besar garam masala
- 2 sudu kecil biji sawi coklat
- 4 sudu besar pes vindaloo siap sedia

**Arah:**

a) Potong fillet daging babi daripada sebarang lemak dan otot yang berlebihan dan potong menjadi kepingan bersaiz gigitan.

b) Panaskan minyak dalam periuk, masukkan daging dalam kelompok kecil dan masak dengan api sederhana selama 5-7 minit, atau sehingga perang. Keluarkan dari kuali.

c) Masukkan bawang, bawang putih, halia, garam masala dan biji sawi ke dalam kuali, dan masak, kacau, selama 5 minit, atau sehingga bawang lembut.

d) Kembalikan semua daging ke kuali, tambah pes vindaloo dan masak, kacau, selama 2 minit. Tambah 625 ml (21½ oz/2½ cawan) air dan biarkan mendidih.

e) Kecilkan api dan reneh, bertutup, selama 1½ jam, atau sehingga daging empuk.

## 87. Kari babi dan buah pelaga

Membuat 4 Hidangan

**bahan-bahan:**

- 10 biji buah pelaga
- 6 cm (2½ inci) keping halia, dicincang
- 3 ulas bawang putih, ditumbuk
- 2 sudu kecil lada hitam
- 1 batang kayu manis
- 1 biji bawang, dihiris halus
- 1 sudu teh jintan kisar
- 1 sudu teh ketumbar kisar
- 1 sudu teh garam masala
- 3 sudu besar minyak
- 1 kg (2 lb 4 oz) isi daging babi, dihiris nipis
- 2 biji tomato, potong dadu halus
- 125 ml (4 oz/½ cawan) stok ayam
- 125 ml (4 oz/½ cawan) santan

**Arah:**

a) Hancurkan sedikit buah pelaga dengan bahagian rata pisau berat. Keluarkan biji, buang buahnya.

b) Masukkan biji dan bahan pes kari yang tinggal dalam pemproses makanan, atau dalam lesung dengan alu, dan proses atau tumbuk hingga menjadi pes yang halus.

c) Masukkan $2\frac{1}{2}$ sudu besar minyak dalam kuali besar berasaskan berat, dan goreng daging babi dalam kelompok sehingga perang, kemudian ketepikan.

d) Masukkan baki minyak ke dalam kuali, kemudian masukkan pes kari dan masak dengan api sederhana tinggi selama 3-4 minit, atau sehingga naik bau.

e) Masukkan tomato, pati ayam dan santan, dan renehkan dengan api sederhana selama 15 minit.

f) Semasa memasak, skim minyak yang timbul di permukaan dan buang.

g) Masukkan daging babi ke dalam sos, dan reneh tanpa tutup selama 5 minit, atau sehingga masak.

## 88. Kari babi lima rempah

Membuat 4 Hidangan

**bahan-bahan:**

- 500 g (1 lb 2 oz) rusuk ganti daging babi
- 1½ sudu besar minyak
- 2 ulas bawang putih, ditumbuk
- 190 g (6¾ oz) puff tauhu goreng
- 1 sudu besar halia dicincang halus
- 1 sudu teh lima rempah
- 1 sudu teh lada putih kisar
- 3 sudu besar sos ikan
- 3 sudu besar kicap manis
- 2 sudu besar kicap ringan
- 35 g (1¼ auns/¼ cawan) gula aren yang dicukur
- 1 genggam kecil daun ketumbar, dihiris
- 100 g (3½ oz), kacang salji dihiris nipis

**Arah:**

a) Potong tulang rusuk ganti menjadi kepingan tebal 2.5 cm (1 inci), buang sebarang kepingan kecil tulang. Masukkan ke dalam periuk dan tutup dengan air sejuk. Didihkan kemudian kecilkan hingga mendidih dan masak selama 5 minit. Toskan dan ketepikan.

b) Panaskan minyak dalam periuk berasaskan berat di atas api sederhana-tinggi. Masukkan daging babi dan bawang putih dan kacau sehingga perang sedikit.

c) Masukkan baki bahan kecuali kacang salji, ditambah 560 ml (19$\frac{1}{4}$ oz/2$\frac{1}{4}$ cawan) air.

d) Tutup, biarkan mendidih kemudian kecilkan hingga mendidih dan masak, kacau sekali-sekala, selama 15-18 minit, atau sehingga daging babi lembut.

e) Kacau dalam kacang salji dan hidangkan.

## 89. Kari babi herba hijau

Membuat 6 Hidangan

**bahan-bahan:**

- 2 sudu kecil biji ketumbar
- 2 sudu teh biji adas
- 1 sudu teh lada putih kisar
- 1½ sudu besar halia parut
- 6 ulas bawang putih, ditumbuk
- 2 bawang, dicincang
- 3 sudu besar minyak
- 1 kg (2 lb 4 oz) bahu babi, dipotong menjadi 2 cm (¾ in) dadu
- 250 ml (9 oz/1 cawan) stok ayam
- 125 g (4½ oz/½ cawan) yogurt biasa
- 1 genggam besar ketumbar
- 1 genggam dill besar, dicincang kasar

**Arah:**

a) Goreng ketumbar dan biji adas dalam kuali dengan api sederhana tinggi selama 2-3 minit, atau sehingga naik bau. Biarkan sejuk. Menggunakan lesung dengan alu, atau pengisar rempah, hancurkan atau kisar sehingga menjadi serbuk.

b) Masukkan biji ketumbar dan adas yang dikisar bersama lada, halia, bawang putih dan bawang besar dalam pemproses makanan, atau dalam mortar dengan alu, dan proses atau tumbuk hingga menjadi pes yang halus. Tambah sedikit air jika terlalu pekat.

c) Panaskan 2 sudu besar minyak dalam periuk berasaskan berat dengan api besar, dan perangkan daging babi secara berkelompok. Ketepikan.

d) Kecilkan api ke rendah kemudian masukkan baki minyak, dan masak rempah dan pes bawang, kacau sentiasa, selama 5-8 minit. Masukkan daging babi kembali ke dalam kuali, dan kacau hingga menyalut dengan pes.

e) Masukkan stok ayam, besarkan api dan masak sehingga mendidih kemudian kecilkan kepada reneh yang sangat perlahan, tutup dan masak selama 2-2$\frac{1}{2}$ jam, atau sehingga daging babi sangat lembut. Semasa memasak, kacau sekali-sekala dan skim minyak yang timbul di permukaan dan buang.

f) Masukkan yogurt, ketumbar cincang, dill dan 3 sudu besar cecair memasak dari daging babi ke dalam jag atau mangkuk dan kisar dengan pengisar kayu sehingga halus, kemudian masukkan semula ke dalam daging babi.

g) Angkat dari api, perasakan secukup rasa dan hidangkan.

## 90. Daging babi, madu & kari badam

Membuat 4 Hidangan

**bahan-bahan:**

- 1 batang kayu manis
- 3 biji buah pelaga
- 750 g (1 lb 10 oz) bahu babi tanpa tulang
- 1 sudu besar minyak
- 2 sudu besar madu
- 3 ulas bawang putih, ditumbuk
- 2 bawang, dicincang
- 150 ml (5 oz) stok ayam
- 1 sudu teh kunyit kisar
- 1 sudu kecil lada hitam dikisar
- 1 sudu teh parutan kulit limau
- 1 sudu teh parutan kulit oren
- 250 g (9 oz/1 cawan) yogurt biasa
- 30 g (1 oz/¼ cawan) badam dihiris, dibakar

- 1 genggam kecil daun ketumbar, dihiris
- 1 genggam kecil daun rata (Itali) pasli, dicincang

**Arah:**

a) Tumis kayu manis dan buah pelaga dalam kuali dengan api sederhana tinggi selama 2-3 minit, atau sehingga naik bau. Biarkan sejuk. Menggunakan lesung dengan alu, atau pengisar rempah, hancurkan atau kisar sehingga menjadi serbuk.

b) Potong daging babi kepada kiub 2 cm ($\frac{3}{4}$ in). Panaskan minyak dan madu dalam periuk berasaskan berat di atas api sederhana. Masukkan daging babi, bawang putih dan bawang besar yang dipotong dadu dan masak selama 8-10 minit, atau sehingga bawang lut sinar dan daging babi berwarna keemasan.

c) Masukkan 200 ml (7 oz) air dan stok ayam, masak sehingga mendidih kemudian kecilkan sehingga mendidih, tutup dan masak, kacau sekali-sekala, selama 1 jam 15 minit, atau sehingga daging babi empuk.

d) Buka tutup dan biarkan mendidih dengan cepat selama 10 minit, atau sehingga kebanyakan cecair diserap. Masukkan rempah hancur, kunyit, lada sulah, 1 sudu teh garam dan kulit sitrus dan reneh selama 3-4 minit lagi.

e) Untuk menghidangkan, panaskan semula perlahan-lahan, kacau dalam yogurt, badam, ketumbar cincang dan pasli daun rata.

BIJIRIN/KARI BIJIRAN

## 91. Kari Lentil

Membuat 10 Hidangan

**bahan-bahan:**

- 4 cawan air, ditapis
- 1 x 28-oz. tin tomato, dihancurkan
- 3 biji kentang sederhana dikupas, dipotong dadu
- 3 lobak merah sederhana dihiris nipis
- 1 cawan lentil kering dan dibilas
- 1 biji bawang besar dihiris
- 1 rusuk saderi yang dicincang
- 4 sudu kecil serbuk kari
- 2 daun bay, kering
- 2 ulas bawang putih dikisar
- 1 & 1/4 sudu teh garam, halal

**Arah:**

a) Satukan 10 bahan pertama di atas dalam periuk perlahan.

b) Masak pada tetapan tinggi sehingga lentil dan sayur-sayuran lembut, kira-kira 6 jam.

c) Masukkan garam & kacau. Buang daun bay dan hidangkan.

## 92. Kari Bunga Kobis & Chickpea

Membuat 4 Hidangan

**bahan-bahan:**

- 2 paun daripada kentang yang dikupas, 1/2"-potong dadu
- 1 kuntum bunga kobis yang dipotong kecil
- 1 x 15-oz. tin kacang ayam yang telah dibilas dan ditoskan
- 2 sudu kecil serbuk kari
- 3 sudu besar minyak, zaitun
- 3/4 sudu teh garam, halal
- 1/4 sudu teh lada, hitam
- 3 Sudu besar pasli cincang atau ketumbar

**Arah:**

a) Salutkan kuali 15" x 10" x 1" menggunakan semburan tidak melekat. Panaskan ketuhar hingga 400F.

b) Letakkan tujuh bahan pertama dalam mangkuk bersaiz besar dan salutkan dengan melambung. Pindahkan mereka ke kuali memasak.

c) Bakar dalam ketuhar 400F selama 30 hingga 35 minit sambil sekali-sekala kacau, sehingga sayur-sayuran menjadi lembut. Taburkan dengan daun ketumbar atau pasli. Hidangkan.

## 93. Chickpea & Quinoa Curry

Membuat 4 Hidangan

**bahan-bahan:**

- 1 & 1/2 cawan air, ditapis
- 1/2 cawan jus oren
- 1 x 15-oz. tin kacang garbanzo atau kacang ayam yang telah dibilas, ditoskan
- 2 biji tomato dicincang, sederhana
- 1 lada merah sederhana julienned, manis
- 1 cawan quinoa yang telah dibilas
- 1 bawang kecil dicincang halus, merah
- 1 sudu kecil serbuk kari
- 1/2 cawan kismis, keemasan atau gelap
- 1/2 cawan ketumbar cincang, segar

**Arah:**

a) Dalam kuali besar, bawa air dan jus oren segar atau botol hingga mendidih.

Masukkan dan kacau dalam tomato, kacang ayam, quinoa, lada merah, bawang, kari dan kismis. Kembalikan adunan hingga mendidih. Kemudian kecilkan api.

b) Tutup kuali. Reneh sehingga campuran menyerap cecair, 15 hingga 20 minit.

c) Keluarkan kuali dari haba. Tumbuk dan taburkan daun ketumbar ke atas adunan kari. Hidangkan panas.

## 94. Kari dal

Membuat 4 Hidangan

**bahan-bahan:**

- 200 g (7 oz/¾ cawan) lentil merah
- 3 hirisan tebal halia
- 1 sudu teh kunyit kisar
- 1 sudu besar minyak sapi atau minyak
- 2 ulas bawang putih, ditumbuk
- 1 biji bawang, dicincang halus
- 1 sudu kecil biji sawi kuning
- cubit asafoetida, pilihan
- 1 sudu kecil biji jintan manis
- 1 sudu teh ketumbar kisar
- 2 biji cili hijau dibelah dua memanjang
- 2 sudu besar jus lemon

**Arah:**

a) Masukkan lentil dan 750 ml (26 oz/3 cawan) air dalam periuk, dan biarkan mendidih. Kecilkan api, masukkan halia dan kunyit, dan reneh, bertutup, selama 20 minit, atau sehingga lentil lembut. Kacau sekali-sekala untuk mengelakkan lentil melekat pada kuali. Keluarkan halia dan perasakan adunan lentil dengan garam.

b) Panaskan minyak sapi atau minyak dalam kuali, masukkan bawang putih, bawang merah dan biji sawi, dan masak dengan api sederhana selama 5 minit, atau sehingga bawang berwarna keemasan.

c) Masukkan asafoetida, biji jintan manis, ketumbar dan cili kisar, dan masak selama 2 minit.

d) Masukkan campuran bawang ke dalam lentil dan kacau perlahan-lahan untuk menggabungkan. Tambah 125 ml (4 oz/½ cawan) air, kecilkan api kepada perlahan dan masak selama 5 minit. Masukkan jus lemon dan hidangkan.

## 95. Dum aloo

Membuat 6 Hidangan

**bahan-bahan:**

- 4 biji buah pelaga
- 1 sudu kecil halia parut
- 2 ulas bawang putih, ditumbuk
- 3 biji cili merah
- 1 sudu kecil biji jintan manis
- 40 g (1½ auns/¼ cawan) kacang gajus
- 1 sudu besar biji popia putih
- 1 batang kayu manis
- 6 biji cengkih
- 1 kg (2 lb 4 oz) kentang serba guna, dipotong dadu
- 2 biji bawang, cincang kasar
- 2 sudu besar minyak
- ½ sudu teh kunyit kisar
- 1 sudu kecil tepung kacang

- 250 g (9 oz/1 cawan) yogurt biasa
- daun ketumbar, untuk hiasan

**Arah:**

a) Hancurkan sedikit buah pelaga dengan bahagian rata pisau berat. Keluarkan biji, buang buahnya.

b) Masukkan biji dan bahan pes kari yang tinggal dalam pemproses makanan, atau dalam lesung dengan alu, dan proses atau tumbuk hingga menjadi pes yang halus.

c) Didihkan periuk besar berisi air masin. Masukkan kentang dan masak selama 5-6 minit, atau sehingga empuk, kemudian toskan.

d) Masukkan bawang ke dalam pemproses makanan dan proses dengan cepat sehingga ia dicincang halus tetapi tidak ditulenkan.

e) Panaskan minyak dalam periuk besar, masukkan bawang dan masak dengan api perlahan selama 5 minit. Masukkan pes kari dan masak, kacau, selama 5 minit lagi, atau sehingga naik bau. Masukkan kentang, kunyit, garam secukup rasa dan 250 ml (9 oz/1 cawan) air sejuk.

f) Kecilkan api dan reneh, bertutup rapat, selama 10 minit, atau sehingga kentang masak tetapi tidak pecah dan sos telah pekat sedikit.

g) Satukan besan dengan yogurt, masukkan ke dalam adunan kentang dan masak, kacau, dengan api perlahan selama 5 minit, atau sehingga pekat lagi.

h) Hiaskan dengan daun ketumbar dan hidangkan.

## 96. Paneer dan kari kacang

Membuat 5 Hidangan

**bahan-bahan:**

**Paneer**

- 2 liter (70 oz/8 cawan) susu
- 80 ml (2½ oz/1/3 cawan) jus lemon
- minyak untuk menggoreng

**Karipap**

- 2 biji bawang besar
- 3 ulas bawang putih
- 1 sudu kecil halia parut
- 1 sudu kecil biji jintan manis
- 3 biji cili merah kering
- 1 sudu kecil biji buah pelaga
- 4 biji cengkih
- 1 sudu teh biji adas
- 2 keping kulit kayu cassia

- 500 g (1 lb 2 oz) kacang polong
- 2 sudu besar minyak
- 400 ml (14 oz) tomato passata (tomato tulen)
- 1 sudu besar garam masala
- 1 sudu teh ketumbar kisar
- 1 sudu teh kunyit kisar
- 1 sudu besar krim (sebat) daun ketumbar, untuk dihidangkan

**Arah:**

a) Masukkan susu ke dalam periuk besar, biarkan mendidih, masukkan jus lemon dan tutup api. Kacau adunan selama 1-2 saat semasa ia menjadi cair.

b) Masukkan dalam colander dan biarkan selama 30 minit untuk whey tos off. Letakkan dadih paneer pada permukaan yang bersih dan rata, tutup dengan pinggan, timbang dan biarkan selama sekurang-kurangnya 4 jam.

c) Masukkan semua bahan pes kari ke dalam pemproses makanan, atau dalam mortar dengan alu, dan proses atau tumbuk hingga menjadi pes yang halus.

d) Potong paneer pepejal kepada kiub 2 cm ($\frac{3}{4}$ in). Isi periuk berasaskan berat dalam satu pertiga penuh minyak dan panaskan hingga 180°C (350°F), atau sehingga kiub roti menjadi perang dalam 15 saat. Masak paneer secara berkelompok selama 2-3 minit, atau sehingga kekuningan. Toskan pada tuala kertas.

e) Didihkan periuk air, masukkan kacang polong dan masak selama 3 minit, atau sehingga empuk. Toskan dan ketepikan.

f) Panaskan minyak dalam periuk besar, masukkan pes kari dan masak dengan api sederhana selama 4 minit, atau sehingga naik bau. Masukkan tomato tulen, rempah ratus, krim dan 125 ml (4 oz/$\frac{1}{2}$ cawan) air. Perasakan dengan garam dan reneh dengan api sederhana selama 5 minit.

g) Masukkan paneer dan kacang polong dan masak selama 3 minit. Hiaskan dengan daun ketumbar dan hidangkan.

# KARI BUAH

## 97. Kari nanas pedas & masam

Membuat 6 Hidangan

**bahan-bahan:**

- 1 biji nenas separuh masak, dibuang bijinya, dipotong menjadi kepingan
- ½ sudu teh kunyit kisar
- 1 bunga lawang
- 1 batang kayu manis, dipecahkan menjadi kepingan kecil
- 7 ulas
- 7 biji buah pelaga, lebam
- 1 sudu besar minyak
- 1 biji bawang, dicincang halus
- 1 sudu kecil halia parut
- 1 ulas bawang putih, ditumbuk
- 5 biji cili merah, dihiris
- 1 sudu besar gula
- 3 sudu besar krim kelapa

Arah:

a) Masukkan nenas ke dalam periuk, tutup dengan air dan masukkan kunyit. Letakkan bunga lawang, kayu manis, bunga cengkih dan buah pelaga pada segi empat sama kain muslin, dan ikat kemas dengan tali.

b) Masukkan ke dalam kuali dan masak dengan api sederhana selama 10 minit. Picit beg untuk mengeluarkan sebarang perisa, kemudian buang. Simpan cecair masak.

c) Panaskan minyak dalam kuali, masukkan bawang besar, halia, bawang putih dan cili, dan masak, kacau, selama 1-2 minit, atau sehingga wangi. Masukkan nenas dan cecair masak, gula dan garam secukup rasa.

d) Masak selama 2 minit, kemudian kacau dalam krim kelapa. Masak, kacau, dengan api perlahan selama 3-5 minit, atau sehingga sos pekat. Hidangkan kari ini panas atau sejuk.

## 98. Daging babi manis & kari nanas

Membuat 4 Hidangan

**bahan-bahan:**

- 500 g (1 lb 2 oz) kaki babi tanpa tulang, dipotong daripada lemak berlebihan
- 1 sudu besar minyak
- 3 ulas bawang putih, ditumbuk
- 125 ml (4 oz/½ cawan) cuka malt perang
- 45 g (1½ oz/¼ cawan) gula aren (jaggery), dicukur
- 3 sudu besar pes tomato
- 1 biji tomato, potong baji
- 1 biji bawang, dipotong menjadi kepingan nipis
- 90 g (3¼ oz/½ cawan) nanas, dipotong menjadi kepingan
- 1 timun, dibelah dua memanjang, dibiji, dihiris

- 1 capsicum merah (lada), dipotong menjadi jalur
- 2½ sudu besar cili jalapeño dicincang
- 2 biji daun bawang (scallions), potong 5 cm (2 in).
- 1 genggam kecil daun ketumbar

**Arah:**

a) Potong daging babi kepada kiub 3 cm (1¼ inci). Panaskan minyak dalam periuk besar dengan api sederhana.

b) Masukkan daging babi dan bawang putih dan masak selama 4-5 minit, atau sehingga daging babi berwarna perang sedikit.

c) Dalam periuk lain, kacau cuka, gula aren, ½ sudu teh garam dan pes tomato di atas api sederhana selama 3 minit, atau sehingga gula aren larut.

d) Masukkan campuran cuka kepada daging babi bersama-sama dengan tomato, bawang, nanas, timun, capsicum, dan jalapeños.

e) Didihkan kemudian kecilkan hingga mendidih dan masak selama 8-10 minit, atau sehingga daging babi empuk. Masukkan bawang besar dan ketumbar dan hidangkan.

## 99. Daging babi dan kari tembikai

Membuat 4 Hidangan

**bahan-bahan:**

- 6 buah tembikai, kira-kira 700 g (1 lb 9 oz) jumlahnya
- 2 sudu besar gula

**Isi daging babi**

- 250 g (9 oz) daging babi cincang (kisar).
- 1 sudu teh halia dicincang
- 1 sudu kecil lada putih, ditumbuk
- 1 ulas bawang putih, ditumbuk
- 1 biji bawang besar (bawang merah), dicincang halus
- 1 sudu kecil paprika
- 2 sudu besar buah berangan air dicincang halus
- 2 helai daun limau purut, hiris nipis 1½ sudu besar kacang tanah yang telah ditumbuk

- 1 genggam kecil daun ketumbar, dihiris
- 1 sudu besar gula aren dicukur (jaggery)
- 1 sudu besar sos ikan
- 3 sudu besar minyak
- 1 Sudu besar pes kari merah siap sedia
- 1 sudu besar gula aren dicukur (jaggery)
- 1 Sudu besar sos ikan
- 250 ml (9 oz/1 cawan) krim kelapa
- 4 helai daun limau purut

Arah:

a) Buang hujung tembikai kemudian potong menjadi kepingan 2.5 cm (1 inci). Kosongkan membran tengah berserabut dan biji dengan pisau kecil, biarkan cincin luar utuh.

b) Didihkan 750 ml (26 oz/3 cawan) air bersama gula dan 3 sudu teh garam. Rebus tembikai selama 2 minit dan toskan.

c) Satukan semua bahan untuk isi babi. Bungkus ini ke dalam kepingan tembikai. Panaskan 2 sudu besar minyak dalam periuk berasaskan berat di atas api perlahan dan masukkan tembikai, masak selama 3 minit pada setiap sisi, atau sehingga daging babi berwarna keemasan dan dimeteraikan. Ketepikan.

d) Masukkan baki minyak ke dalam kuali bersama pes kari merah. Kacau selama 3 minit, atau sehingga naik bau.

e) Masukkan gula aren dan sos ikan dan kacau hingga larut. Masukkan krim kelapa, 250 ml (9 oz/1 cawan) air dan daun limau purut.

f) Reneh selama 5 minit, kemudian masukkan peria dengan teliti. Teruskan mereneh, putar daging babi separuh jalan, selama 20 minit, atau sehingga daging babi masak dan tembikai lembut.

## 100. Ikan kakap dengan pisang hijau & mangga

Membuat 4 Hidangan

**bahan-bahan:**

- 3 sudu kecil biji ketumbar
- 1 sudu kecil biji jintan manis
- 2-3 tangkai cili merah panjang kering
- 2 batang serai bahagian putih sahaja dihiris halus
- 3 biji bawang merah Asia, dicincang halus
- 2 ulas bawang putih, ditumbuk
- 1 sudu teh kunyit kisar
- 1 sudu kecil pes udang
- 1 sudu teh kunyit kisar
- 1 pisang hijau atau pisang kecil, dihiris nipis
- 3 sudu besar krim kelapa
- 1 sudu besar sos ikan

- 1 sudu teh gula aren yang dicukur (jaggery
- 400 g (14 oz) ikan kakap atau fillet ikan putih pejal tanpa kulit lain, dipotong menjadi kiub besar
- 315 ml (10¾ oz/1¼ cawan) santan
- 1 biji mangga kecil, baru masak, potong nipis
- 1 biji cili hijau panjang, hiris halus
- 12 helai daun selasih Thai

**Arah:**

a) Tumiskan biji ketumbar dan jintan manis dalam kuali dengan api sederhana tinggi selama 2-3 minit, atau sehingga naik bau. Biarkan sejuk. Menggunakan lesung dengan alu, atau pengisar rempah, hancurkan atau kisar sehingga menjadi serbuk.

b) Rendam cili dalam air mendidih selama 5 minit, atau sehingga lembut. Keluarkan batang dan biji, kemudian potong.

c) Masukkan cili, ketumbar dan biji jintan manis dengan baki bahan pes kari ke dalam pemproses makanan, atau dalam lesung dengan alu, dan proses atau tumbuk hingga halus. Tambah sedikit minyak jika terlalu pekat.

d) Didihkan periuk kecil air. Masukkan 1 sudu teh garam, kunyit dan hirisan pisang dan reneh selama 10 minit, kemudian toskan.

e) Masukkan krim kelapa ke dalam periuk, biarkan mendidih dengan api sederhana, kacau sekali-sekala, dan masak selama 5-10 minit, atau sehingga adunan 'terbelah' (minyak mula pecah). Masukkan 2 sudu besar karipap yang telah dibuat tadi, kacau rata hingga sebati dan masak sehingga naik bau. Masukkan sos ikan dan gula dan masak selama 2 minit lagi atau sehingga adunan mula gelap.

f) Masukkan kepingan ikan dan kacau rata untuk menyaluti ikan dalam adunan kari. Masukkan santan perlahan-lahan hingga sebati.

g) Masukkan pisang, mangga, cili hijau dan daun selasih ke dalam kuali dan kacau perlahan-lahan untuk menggabungkan semua bahan.

h) Masak selama 1-2 minit lagi, kemudian hidangkan.

## KESIMPULAN

Buku masakan kari ini telah menunjukkan kepada anda cara menggunakan bahan-bahan yang berbeza untuk mempengaruhi rasa pedas yang unik dalam banyak hidangan kari. Sama ada anda menyediakan hidangan dengan daging lembu, kambing biri-biri, daging babi atau sayur-sayuran, hidangan kari asli ini pasti menggembirakan keluarga dan tetamu anda.